한 길 사람 속 읽기

최광선 교수의 심리 이야기

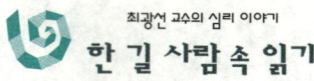 한길 사람속 읽기

펴낸곳 도서출판 일빛
펴낸이 이성우
지은이 최광선

상무 강석규
편집 천현주·장유진
디자인 윤정자
마케팅 최정원·노경석·이정자

등록일 1990년 4월 6일
등록번호 제10-1424호

초판 1쇄 인쇄일 2000년 6월 26일
초판 3쇄 발행일 2002년 9월 2일

주소 121-837 서울시 마포구 서교동 339-4 가나빌딩 2층
전화 02) 3142-1703～5 팩시밀리 02) 3142-1706
E-mail ilbit@unitel.co.kr
값 8,000원

ISBN 89-85893-58-0-03180

한 길 사람 속 읽기

최광선 교수의 심리 이야기

최광선 지음

일빛

때때로 사람들은 '내 마음 나도 몰라', '그 속을 어떻게 알겠어' 하며 낙담한다. 시시각각으로 변하는 사람의 마음을 읽어 낸다는 것이 힘든 일이긴 하지만, 우리는 '가슴 속에 연정을 품고, 가슴이 사무치도록 운다'고 할 정도로 마음에 대해 너무 모르고 있다. 마음은 가슴이 아니라 머릿속에 들어 있다.

대한 민국 최고의 미를 자랑하는 미스 코리아들도 결혼 상대의 조건으로 무엇보다도 '마음'을 꼽는다. 또 얼굴은 고칠 수 있지만 마음은 고치기 어려우니 조금 못생겨도 착한 여자를 고르겠다는 젊은 남성들의 농담 섞인 견해도 들려온다. 그만큼 누구나 사람의 마음을 중요하게 여긴다. 마음이 없다면 사람이 짐승과 다를 게 무엇이란 말인가?

그러나 사람의 마음을 알고 싶어 책을 뒤져봐도 오히려 궁금증만 더해진다. 실체가 없는 마음을 분석하는 것은 쉽지 않은 일이다. 게다가 요즘은 인터넷과 휴대폰이 보급되면서 상대에 대한 정확한 정보도 없이 대화를 나누는 경우가 많아졌다. 그러다 보니 영상 매체를 통해 보고 보이는 서로의 모습에 대해 전혀 수치심과 저항감을 갖지 않는 사람들이 늘어가고 있다. 그러나 참모습을 알지 못한 채 인간 관계를 맺는다는 것은 무척 위험한 일이다.

그렇다면 마음은 어떻게 읽어 낼 수 있을까?

마음은 언어와 표정·몸짓 같은 비언어적 표현을 통해 나타난다. 특히 비언어적 표현들은 때에 따라서 말보다 더 강하게 속마음을 표현하기도 한다. 보여 주고 싶은 자기뿐만 아니라, 감추고 싶은 자기도 손과 팔의 움직임이나 눈짓·몸짓·자세 등에 여실히 나타난다.

따라서 사소한 몸짓 하나하나에 주목함으로써 열 길 물 속보다 헤아리기 어려운 한 길 사람 속을 읽어 낼 수 있는 것이다. 그렇게 '매일같이 경험하는 작은 사건들 속에 숨어 있는 심층 심리'에 주목하다 보면 마침내 사람의 마음과 만날 수 있을 것이다.

이 책은 그 동안 무심히 지나쳤던 타인의 행동에서 복잡한 인간 관계를 풀 수 있는 실마리를 찾아내는 방법에 대해 소개하고 있다. 또한 주변에서 흔히 볼 수 있는 별난 사람들의 심층 심리는 무엇이며, 그들에게 어떻게 대하면 좋은지 등에 대해 여러 가지 타입으로 나누어 자세하게 설명했다.

이 책이 '사람을 보는 안목'을 키우는 데 도움을 줄 수 있기를 바란다. 그러한 안목은 나아가 인간에 대한 이해를 넓혀 줄 것이다.

2000년 봄
최광선

contents

차 례

제3장 남녀 사이의 미묘한 속마음 읽기

contents

제4장 별난 사람 대처법

제5장 몸짓에 드러나는 사람의 마음

contents

제1장

내 마음 속의 수수께끼

말에도 표정이 있다

"사람에게는 두 가지 표정이 있다. 하나는 얼굴에 나타나는 표정이고 또 하나는 음성에 나타나는 표정이다."

어느 유명한 과학자가 한 말이다. 실제 다른 사람의 말을 듣고 있다 보면 그 사람의 심리 상태를 알게 된다.

서로 상대의 모습을 볼 수 없는 전화 통화에서도 상대가 지금 막 일어나 얼떨떨한 기분인지, 막 목욕을 끝낸 뒤인지, 아니면 열심히 일을 하고 있는 중인지는 30초만 통화해 보면 알 수 있다.

지난번에 어느 회사에 전화를 했더니 목소리가 아주 예쁜 여성이 받았는데, 그 음성에 감정이 배어 있지 않아서 판에 박은 듯했다. 이쪽 질문에 대해서 "우리는 그런 상품을 취급하지 않습니다. 아닙니다. 모릅니다. …… 전혀 관계없습니다……"라는 식으로 마치 책을 읽듯이 대답하니까 더 이상 질문을 하고 싶지 않았다.

음성에는 인간의 감정과 의견이 담겨 있다. 물론 말의 내용도 문제가 되지만 말의 속도나 음정 또는 음색 등이 말의 내용을 꾸미는 중요한 요소가 된다. 우리들은 무의식중에 그것들로 말의 의미를 전하려 하고, 듣는 입장에서도 그 속에서 의미를 읽어 내려 한다. 그러므로 컴퓨터에서 나오는 목소리처럼 상대가 아무런 감정이 배어 있지 않은 목소리로 말하면 우리는 당황하게 된다. 때로는 말 속에 정반대의 의미가 포함되어 있는 경우도 있지만, 주의 깊게 들으면 진심을 읽어 낼 수가 있다.

먼저 말의 속도가 있다. 말의 속도가 빠르면 능변, 느리면 눌변이라 하는데, 사람에 따라 능변인 사람과 눌변인 사람이 있다. 그것은 기질과 성격에 따라 결정되지만, 중요한 것은 보통 때와 다른 속도로 말한다면 그것을 통해 상대의 심리를 읽을 수 있다는 것이다.

예를 들면 능변인 사람이 갑자기 더듬거리며 말한다거나, 반대로 보통 때는 말을 더듬거리던 사람이 아주 능변으로 말할 때는 그 이유를 살펴볼 필요가 있다. 일반적으로 상대에 대해 불만이나 적대감을 가질 때는 말의 속도가 평상시보다 느려져 눌변이라는 느낌이 들게 하고, 반대로 양심에 가책을 느낄 때나 거짓말을 할 때는 빠른 속도로 말해 능변이라는 느낌이 들게 한다.

어떤 텔레비전 좌담회에서 한 참석자가 "남성이 외도를 하고 온 날은 대체로 아내에게 말을 더 잘하게 된다"라고 말하는 장면이 있었다. 이 말을 심리학적으로 분석하면, 걱정과 불안 또는 공포가 그 심층 심리에 있을 때 말의 속도가 빨라져 말을 많이 하게 되는 것은 자기의 마음속에 있는 불안과 공포를 숨기려는 의도가 있기 때문이라고 한다.

그러나 이 때는 자기를 냉정히 돌아볼 수 있는 여유가 없어 별 내용 없는 말을 많이 하게 되는데, 눈치 빠른 상대라면 그 사람의

심리적 동요를 곧 눈치 챌 수 있다. 직장에서도 마찬가지다. 평소에 과묵하던 사람이 갑자기 말이 많아졌다면 그 사람은 다른 사람에게 알리고 싶지 않은 비밀을 갖고 있다고 할 수 있다.

또 보통 때 말이 별로 없던 친구가 전화를 걸어 큰 소리로 말을 많이 한다면 "자네 오늘은 좀 이상해. 보통 때와는 달라"라고 말을 해보라. 그러면 상대는 갑자기 말이 적어지며, "사실은…… 부서를 옮기게 되었는데, 마치 회사를 옮기는 듯한 느낌이 들어서……"라고 띄엄띄엄 말할 것이다.

또 음정에서도 그 사람의 심리를 읽어 낼 수 있다. 외도한 남편이 아내에게 변명하려 애쓸 때는 갑자기 음정이 높아진다. 어느 잡지의 칼럼에서 '상대의 의견에 반대하려 할 때는 음정을 높이는 것이 가장 쉬운 방법이다' 라는 글을 읽은 적이 있다. 확실히 사람은 음정을 높여 격한 말을 함으로써 상대를 압도하려 하는데, 이 때 음량도 같이 커진다.

음정이 높은 목소리는 어린아이들이 제멋대로 굴 때의 표현 형태라고 할 수 있다. 보이 소프라노라는 말도 있듯이 일반적으로 목소리는 나이가 들수록 낮아진다. 그만큼 인간의 정신 구조가 성장하여 '버릇 없이 제멋대로 구는' 기분을 억제하려 하기 때문이다.

그러나 앞의 예처럼 성인의 경우에도 음정이 높아지는 경우가 있다. 그럴 때는 그 사람의 심층 심리가 유아기의 수준으로 퇴행한 상태라고 볼 수 있다. 곧 제멋대로 굴고 싶은 마음을 억제할 수 없게 된 것이다. 이 때는 다른 사람이 하는 말이 전혀 귀에 들어오지 않는다.

얼마 전 어떤 좌담회에 참석한 적이 있는데, 좌담 중에 한 참석자가 여성 참석자를 비판하는 듯한 발언을 했다. 그러자 갑자기 그녀가 금속성 목소리를 내며 흥분하는 바람에 좌담 분위기는 순식간에 엉망이 되고 말았다. 말이 서로 통할 수 있는 분위기가 전혀 되지 못했다. 이처럼 음정을 높여 말할 때는 미숙한 정신 상태에 있다고 해도 좋을 것이다.

또 화술에는 억양이라는 것이 있다. 억양이 심한 말은 강한 인상을 남긴다. 어느 나라든 지방에 따라 사투리가 있다. 사투리는 독특한 억양을 갖기 때문에 특징이 있다. 어떤 회사원은 장기 출장으로 지방에 가면 그 지방 사투리의 억양이 몸에 배서 서울에 돌아와서도 얼마 동안은 그 사투리를 쓰게 된다고 한다. 토산품을 파는 상인이라면 오히려 이러한 것이 도움이 되어, 다른 사람에게 좋은 인상을 줄 수도 있다.

그러나 이런 경우를 제외하고, 억양이 강한 말을 하는 사람이 있을 때 그것을 그 사람의 버릇이라고만 보아 넘겨서는 그 심층 심리를 꿰뚫어 볼 수가 없다. 그런 사람은 상대의 주의를 자기에게로 끌어들이고 싶어하는 사람이라고 할 수 있다. 곧 자기 현시욕(自己 顯示慾)의 강도가 음성의 억양으로 나타난 것이다.

대화를 할 때는 음성이 주는 느낌과 상태 말고도 말 자체가 가진 리듬이 중요하다. 자신감에 가득 찬 사람의 말 속에는 단정적인 리듬이 있으나, 자신감이 없는 사람과 여성적인 사람의 말에는 리듬이 없다. "우리 둘만의 이야기인데……"라고 목소리를 낮춰 말하는 사람이 있다. 이렇게 말하는 사람은 다른 사람의 소문과 결점을 소곤소곤 말하지만, 마음속으로는 그 말이 다른 곳으로 퍼지지 않을까 하는 불안감을 갖고 있다.

말을 끝내기까지 시간을 많이 끄는 사람은 혹시 반박당하지 않을까 하는 불안함을 갖고 있는 것이며, 빨리 결론을 내는 사람도 반론을 두려워하거나 다른 결론은 없을 것이라는 착각을 하는 사람이다.

또 말끝을 흐리는 경우가 있다. 우리말은 말끝에 결론이 나오므로 말끝을 애매하게 하면 전혀 의미를 알 수 없는 경우가 많다. 이런 식으로 말하는 사람은 자기 말에 책임을 지지 않으려는 의식이 강한 사람이라고 할 수 있다.

'이것은 나 혼자만의 생각이지만' 이라든가, '일률적으로 말할 수는 없지만' 이라고 한정하는 말을 붙이는 것도 마찬가지 경우라 할 수 있다. 신경질적인 사람이 특히 이런 한정하는 말을 많이 쓰는 경향이 있다.

말 속에 드러나는 사람의 속마음

　자기 말을 상대가 어떤 자세로 듣는가에 따라 상대의 심층 심리를 읽을 수 있다. 진지하게 들을 때 상대는 상체를 앞으로 내밀고, 시선을 정면으로 향한다. 그러나 싫증을 느끼게 되면 손가락을 움직이거나 몸을 비스듬히 하여 시선을 분산시킨다.

　상대의 말을 반복하거나, 고개를 끄덕이거나, 맞장구를 치면서 듣는 사람의 동작에서 그 미세한 심리를 읽을 수 있다. 먼저 상대가 한 말을 반복하면서 듣는 사람은 말하는 사람의 속마음을 파고들어 그 본심을 알고 싶은 욕구를 갖고 있다. 곧 상대의 말을 자세히 듣고 있다는 마음을 전하는 동시에 마음의 벽을 없애려는 의도가 숨겨져 있다. 아래의 세일즈맨과 주부의 대화가 그 한 예가 된다.

주　　부　　그런 화장품은 이미 갖고 있어요.
세일즈맨　　갖고 계신다는 말씀이군요.
주　　부　　○○ 화장품이에요. 지금은 그걸로 충분해요.

세일즈맨　충분하시다는 말씀이군요.

주　　부　그다지 외출도 잘 하지 않고……

세일즈맨　외출을 잘 안 하십니까?

주　　부　네, 그래도 나 정도의 나이가 되면 결혼식 같은 데 초청
　　　　　받는 일이 많긴 하지만…….

세일즈맨　초대받으실 일이 많다구요?

주　　부　그래요. 그래서 조금은 예뻐지고 싶어요.

세일즈맨　더욱 예뻐지고 싶다구요?

　　이렇게 차차 상대방의 마음속으로 다가가는 것이다. 상대의 말
을 한 마디 한 마디 주의 깊게 들으면, 말하는 사람의 본심을 알 수
있다. 이렇게 상대방의 말을 주의 깊게 듣는 사람은 인내심이 강하
고 호기심이 많은 사람이다. 또 상대의 말을 들으면서 고개를 크게
끄덕인다는 것은 말을 자세히 들으면서 신중하게 대응하고 있다는
표시다. 그러나 고개를 끄덕이면서도 시선을 외면하는 경우가 있
다. 겉으로는 듣는 척하면서 속마음은 말하는 사람에게 공감하지
않는다는 표시다. 대화할 때 고개 끄덕이는 횟수를 헤아려 보면 여
성이 훨씬 자주 고개를 끄덕이는 것을 알 수 있다. ‘그래요’, ‘알아
요’ 하고 맞장구를 치면서 열심히 듣는다. 그러나 그것은 말의 내
용에 끌려 들어간 것이 아니고 말하는 사람의 분위기에 편승하여
감각적으로 찬성의 뜻을 나타낼 뿐이다.

　　또 자기 말에 고개를 끄덕이거나 맞장구를 치는 타입이 있다.
말하면서 동시에 듣기도 하는 사람이다. 예를 들면 “아이를 잘 기
른다는 것, 그것도 여성의 특권 아니겠어요” 하고 말하고 나서 고

개를 끄덕이면서 동시에 맞장구를 친다. 이 일인 연극은 말하는 사람과 듣는 사람의 역할 교환을 인정하지 않으면서, 동시에 상대의 반론도 허용하지 않겠다는 완고함과 고집을 나타내는 것이다.

처음 만나는 사람과 말을 나누게 되면 처음에는 체면 때문에 서로 서먹서먹하게 행동하지만 차차 낯이 익으면 자세뿐만 아니라 말씨에서도 딱딱함이 가시게 된다. 어느 호텔의 부사장은 종업원 채용 시험 때 지원자에게 일부러 좀 거친 말을 해보라고 유도한다. 왜냐하면 평소에 쓰던 익숙한 말에서 그 사람의 본심을 알 수 있고, 확실히 쓰는 말은 그 사람의 인품을 말해 주기 때문이다. 뮤지컬 〈마이 페어 레이디〉의 주인공 소녀가 상류 사회의 사교계에 들어가기 위해 철저한 언어 훈련을 받는 것도 언어가 태어나서 자란 그 사람의 환경을 반영하고, 또 그 사람의 인품을 말해 주기 때문이다.

사회적·계급적 또는 지리적 말씨 외에 개인적 수준의 차이를 나타내는 심리적 말씨라는 것이 있다. 자기 표현 수단인 말에는 여러 가지로 굴절된 그 사람의 심층 심리가 반영되는데, 말의 내용보다 본인이 의식하지 못하는 말씨야말로 훨씬 더 그 사람 자신을 잘 알 수 있게 해준다.

먼저 자신을 가리켜 부르는 '일인칭 인칭어'에는 자기 의식이 반영되어 있어 여러 가지 심층 심리적 정보를 제공해 준다. 예를 들면 어떤 정치가는 말을 하면서 계속 '나'를 연발한다. '나는 그렇게 생각하지만 여러 가지 장애가 있어서', '나로서는 그렇게 하고 싶지만……' 하는 식의 말씨에서 그가 어리광쟁이이며 의존적인 성격을 갖고 있다는 것이 드러난다.

또 일인칭 단수의 인칭어를 사용할 때 '내가'를 연발하는 사람

도 있는데, 어떤 프로야구 해설자는 자기가 훈련시킨 타자의 이야기가 나오자 "내가 그렇게 시켰습니다"라든가 "내가 지도하여"라고 자기를 계속 강조한다. 이러한 말씨를 통해 자신감과 자아가 강하고 자기 현시욕이 왕성한 성격의 소유자라는 것을 알 수 있다.

미국 심리학자인 비트(L. Beet)와 화이트(A. White)의 연구에 따르면, 독선적인 타입의 '전제형 리더'가 이끄는 집단의 사람들은 'I(나)'라는 말을 많이 쓰고, 평등주의 타입인 '민주형 리더'가 이끄는 집단의 사람들은 'We(우리)'라는 말을 많이 쓴다고 한다. 한 편으로는 일인칭 단수를 사용하는 사람은 독립성과 주체성이 강하나, 복수를 쓰는 사람은 개성이 없는 집단 매몰형, 부화 뇌동형(附和雷同型)이라고도 할 수 있다.

또 타인의 말을 빌려 자기 말을 하는 '차용어'라는 것이 있다. 사람은 언제나 자기 생각대로 말하고 글을 쓴다고 생각하지만, 무의식중에 다른 사람이나 다른 세계의 말을 빌려 자기 세계를 확대해 나가려는 자아 확대 욕구(自我擴大欲求)를 가진다. 그것을 거꾸로 더듬어 올라가면 그 사람의 속마음을 엿볼 수가 있다.

예를 들면 말 가운데 난해한 문자나 외국어를 많이 쓰는 사람은 자기 마음의 약점을 감추기 위해 그것을 하나의 방패로 쓴다. 강연을 하면서 느끼는 점이지만 청중의 질문은 대부분 쉬운 내용에 집중된다. 그래서 질문받고 싶지 않을 때는 일부러 난해한 문자나 외국어를 사용하여 청중에게 연막을 치면 된다. 이것은 자기의 지적 능력에 대한 열등 의식을 거꾸로 뒤집는 것이라 할 수 있다.

다시 말하면 언어를 방패로 콤플렉스를 숨기려는 것이다. 외국어의 힘을 빌려 자기를 크게 보이려는 '후광 효과(後光效果)'를 무의식중에 노리는 경우도 종종 있다. 유명인의 말을 인용해도 그런 효과를 얻을 수 있다. 별것 아닌 것이라도 유명인이 그렇게 말했다고 하면 더욱 그럴듯하게 들린다. 예를 들면 같은 내용이라도 "또한 김치의 생명은 배추에 있군. 이 상큼한 맛이란" 하는 것과 "유명한 영양학자인 ○○○ 교수의 말에 따르면, 김치는 채소를 보존하는 수단이래"라고 하는 것은 들을 때 받는 느낌이 매우 다르다. 권위를 얻고자 유명인의 말을 인용하는 것이다.

여성은 어머니의 말을 인용해 넌지시 자기의 의사를 나타내는 경우도 있다. "엄마가 자기를 아주 좋은 사람이래"라고 말하는 것은 실은 어머니의 말을 인용해 자기의 애정을 표현하는 것이다. 너무 자주 어머니의 말을 인용하는 여성은 어머니와의 '동일시'가 지나치게 강하여 의존심이 강하다고 할 수 있다. 곧 정신적 이유(離乳)가 되어 있지 않은 사람이다.

지나친 높임말은
경계심을 나타낸다

　타인과의 관계에서 말하는 사람의 의식이 가장 잘 표출되는 것은 경어, 곧 '인간 관계어' 라고 할 수 있다. 사회 생활을 원만하게 해나가는 데 있어 경어는 대단히 중요하다. 그러나 사회 통념상 타당한 경어를 쓰면 모르겠지만, 의도적으로 부자연스러운 경어를 자주 사용한다면 그 속에는 어떤 편견이 들어 있다고 할 수 있다.

　아주 절친한 인간 관계에서는 경어가 필요 없다. 그러나 친밀한 사람과 대화하는 데 갑자기 경어가 끼여들면 이상한 느낌이 든다. 어떤 사람은 아내가 갑자기 정중한 말을 쓰기 시작할 때는 아내의 기분이 저기압이 되기 시작하는 때임을 체험을 통해 알아냈다고 한다. 지나친 경어는 때에 따라서 심한 질투·적대감·경멸·경계심의 징표일 수도 있다. "댁의 따님은 아주 활기가 있으시네요. 게다가 주인되시는 분도 아주 건강하시구요. 아주 부럽습니다"라는 입에 발린 말에 담겨 있는 본심은 상대에 대한 존경과는 거리가 먼 질투일 수가 있다. '언어는 의사 소통하는 두 사람의 심리적 거리를 재는 척도'라고 하는데, 특히 경어는 '예의 범절어'로서 타인과 자기 사이에 간격을 둠으로써 타인이 자기 쪽으로 깊숙이 파고드는 것을 미리 방지하는 기능이 있다고 할 수 있다. 오래 사귄 친구인데도 계속 경어를 쓰는 사람이 있다면 열등 콤플렉스나 적대감을 갖고 있는 것은 아닌지 의심해 볼 필요가 있다.

이것과 반대로 의도적으로 거친 말을 쓰는 사람은 상대보다 높은 위치에 서고 싶어하는 욕구를 갖고 있다고 할 수 있다. 플레이보이가 자기가 사귀는 여성에게 어떤 시점부터 갑자기 허물없는 말을 사용하는 것도 이제부터는 육체 접촉을 해도 여성이 당연한 것처럼 생각하게 만들려는 것이다.

다음으로 무의식적 콤플렉스가 가장 잘 나타나는 언어는 '심층 심리어'인데, 그 대표적인 것이 섹스 용어다. '성(性)'은 어떤 지방에서도 사회 풍속상 터부적인 측면이 있어 섹스 용어를 말할 때는 누구나 주저하게 된다. 그러나 너무 의식적으로 그것을 피하고 혐오감을 갖는 사람은 실제로는 강한 성적 관심을 갖고 있으면서도 그 반대의 행동을 보이는 것일 수 있다.

이것과 정반대로 상당히 지성을 갖추고 있는 남성이 성 용어를 거침없이 쓰는 경우가 있다. 성 용어를 추상적인 언어로 바꾸어 사용하는 것이 지성적이라고 할 수 있는데, 이렇게 거침없이 성 용어를 구사하는 사람에게는 심층 심리 속에 성적 콤플렉스가 있다고 해석하지 않을 수 없다.

마지막으로 그 사람의 사고 형태가 나타나는 '사고어(思考語)'에서 심층 심리 분석이 가능하다. 대표적인 것이 접속사의 사용이다. 예를 들면 '-와', '-과', '그리고' 등을 많이 사용하는 사람은 말이 계속 맥락 없이 이어져, 사고를 한 마디로 정리하기 어려운 상태에 있다고 볼 수 있다. 같은 접속사라도 '그러나'를 많이 쓰는 사람은 일반적으로 사고력이 높은 사람이라고 할 수 있다. 하나의 주장을 말하고 있는 사이에, 그 주장에 대한 반론이 떠올라 여러 가지 사고를 머릿속에서 계속 점검하고 있는 것이다. 머리가 트인 사람, 논의에 강한 사람이 여기에 해당된다. '그러나'가 말버릇이 된 정치가가 있다. '그러나'가 몇 번이나 반복되는 동안 논리가 계속 바뀌고, 상대는 그것에 따라가기에 급급해 자기도 모르는 사이에 그의 페이스에 말려들게 된다.

접속사는 아니지만 같은 사용법을 갖는 말로 '역시', '말이야' 같은 말이 있다. 정치가들이 잘 쓰는 어구인데, 상대를 자기에게로 끌어들이려는 강한 저의가 나타나 있다. "저, 국립 대학이라는 것을 말하자면 말이야, 역시 아주 조건이 나쁜 사립 학교가 어떻게든 해보려고 노력하는데도 말이야"라는 식이다. '역시'는 자기 말을 강조하여, 상대에게 강한 인상을 주려 할 때 쓰는 말이다.

상대를 무시하는 자세와는 반대로 신중하게 논리를 골라 상대의 말을 존중하려는 것이 '……라고 생각합니다'이다. 이런 타입은 '……라고 생각하는데요'라든가 '……라는 생각이 듭니다'를 연발한다. 또 발언이 중간에서 끊어질 때는 말을 잇기 위해 '저……', '음……'을 자주 쓰면서 다음 생각을 찾는다. 이러한 말은 단정할 만한 자신이 없는 논의에서 많이 등장하는데, 신중한 반면에 조금 겁을 집어먹은 듯한 느낌으로 말하는 사고어다.

본심은 이렇게 드러난다

어느 직장에서 실제로 있었던 일이다. 한 여성이 자기의 괴로움을 견디다 못해 사장에게 호소했다. 동료인 젊은 남성이 끈질기게 자기를 따라다녀 몹시 괴롭다고 했다. 사장은 그 젊은 사원을 불렀다. 그리고 상황을 물어보지도 않고 호되게 꾸짖었다. 왜냐하면 그 여성은 지금까지 한 마디 나쁜 소문도 없이 착실하게 일해 온 모범 사원이었기 때문이다.

그러나 얼마 뒤, 이 여성이 이번에는 부장 앞에 나타나 다른 부서의 젊은 사원에 대해 사장에게 한 것처럼 자기의 어려움을 호소했다는 사실이 사장의 귀에 들어왔다. 이렇게 되자 사장은 그 때서야 혹시 하는 생각이 들어 전문가에게 상담을 의뢰했다. 전문가가 여러 가지로 조사해 본 결과 의외의 결론에 이르렀다. 처신을 잘못한 사람은 남자 사원이 아닌 바로 울며 호소했던 그 여성이었다. 그녀가 자신의 성적 욕구를 남성에게 투사하고 남성에게 당할 것 같은 두려움을 느낀 것이 그런 일이 벌어지게 한 원인이었다.

그 사건은 그런 결말을 봤으므로 다행스럽지만, 색한의 오명을 쓰고 사장에게서 미움을 받았던 사원이야말로 억울하기 짝이 없다. 이런 경우 그녀가 정신적으로 이상한 게 아니냐고 생각할 수도 있지만, 그것은 무의식적으로 일어나는 마음의 움직임이다.

전처 아이를 미워하는 계모가 '아이를 아무리 귀엽게 여겨도 조금도 붙임성이 없는 걸 보면 그 아이는 나를 미워하나 봐' 라는 생각을 가질 수 있는데, 이처럼 억압된 욕구를 상대에게서 찾아내려는 현상을 투사(投射)라고 한다. 이 여성의 경우에도 자기 마음속에 억압되어 있는 나쁜 감정을 아이에게 투사하여, 오히려 아이로부터 미움을 받고 있다고 느낀 것이다.

이것과 비슷한 경우로 무의식적 욕구와 정반대의 행동과 감정을 갖는 경우도 있다. 이것은 반동 형성(反動形成)이라고 일컬어지는 메커니즘인데, 성적 욕구를 억압해 온 여성이 극단적인 성적 결백을 고집하여 남성을 혐오하게 되는 것이 그 예다. 사디즘을 가진 잔학성이 강한 남성이 벌레 한 마리도 죽이지 못하는 나약성을 보인다거나 지극히 구두쇠인 남성이 지나친 낭비를 하는 것도 반동형성이다. 또 필요 이상으로 친절을 보이는 남성은 상대에 대한 좋지 않은 감정이나 공격심이 마음속에 억압되어 있는 것이므로 주의를 해야 한다.

또 억압된 욕구나 감정을 사회적으로 가치 있는 활동으로 바꾸는 '승화(昇華)' 라는 기제도 있다. 상당한 분석력이 없으면 그것이 승화된 상태인지 알아내기가 어렵지만, 타인에 대한 공격 욕구를 승화시켜 우수한 운동 선수가 되는 경우도 적지 않다.

어떤 학원 강사는 보통 때는 아주 점잖으나 아이를 꾸중할 때면 사디즘의 한 면을 보여 주었다. 공격성과 잔학성이 충분히 억압되지 않은 예다. 또 성적 욕구와 종교 활동과는 밀접한 관련이 있다고 하는데, 입신의 경지에서는 때때로 성적 흥분과 구별하기 어려운 흥분이 동반된다고 한다. 이처럼 반동 형성과 승화 가운데는 불안전하게 억압된 것도 있으나, 완전히 억압된 것도 많다.

분석하기도 어려운 무의식적 욕구를 쓸데없이 밝혀 낸다거나 성적 욕구를 끌어낼 필요는 없지만, 때로는 이런 마음의 심층을 꼭 밝힐 필요가 있다. 결혼 상대를 고를 때가 그 좋은 예다. 극단적인 결벽이나 극단적인 나약성, 극단적인 애정과 같이 도를 넘는 듯한 인상을 주는 사람은 주의하는 것이 좋다.

열차 시간에 쫓기는 것을 매우 싫어하는 어떤 남성이 있었다. '열차 시간표에 자유를 빼앗긴다는 것은 정말 어리석은 일이야. 나에게는 나의 템포가 있어. 타고 싶을 때 타면 되는 거야'라며 그는 언제나 그런 말을 하면서 사람들과의 약속 시간을 넘겨 일부러 느릿느릿 역에 도착한다.

어떤 정신 분석가가 그 남성의 심리를 분석했는데, 그것은 부친에 대한 반항심의 표시라고 밝혀졌다. 그의 부친은 규칙적이고 착실하여, 그가 시간을 지키지 않으면 반드시 심하게 꾸중했다. 이것이 그의 마음속에 부친에 대한 심한 증오로 남게 되고, 이 증오가 차츰 억압·변형되어 열차 시간을 지키지 않는 엉뚱한 행위로 나타난 것이다.

실수 속에 숨어 있는 본심

    인간의 행동은 반드시 의식적인 이유나 동기에 의해 일어나는 것은 아니다. 무의식에 지배된 행동을 하고 나서 나중에 그 이유를 둘러대는 일이 많다. 전철이나 버스 속에서 남성들이 보이는 반응에서 이런 것들을 발견할 수 있다.

    미니 스커트를 입은 여성이 전철의 앞 자리에 앉았을 때 남성들은 시선 둘 곳을 몰라 하다가 한번 힐끗 보고는 고의로 시선을 돌리는 경우가 많다. 성적 욕구나 관심이 강할수록 그만큼 억압도 강하다. 성폭행을 저지른 범인이 형사의 심문에 얼굴을 붉히면서 대답을 제대로 못하는 것도 성적 욕구와 억압은 비례한다는 것을 말해 주고 있다.

    이렇게 보면 여성에게서 시선을 돌리는 남성이 사실은 가장 위험하고, 사람들 앞에서 자연스럽게 섹스 이야기를 하는 남성이 오히려 위험이 적다고 할 수 있다. 이런 사람들에게 성적 욕구가 적다는 의미가 아니라, 이런 농담 섞인 말을 하면서 무의식 속에 내재해 있는 욕구를 해소할 가능성이 많다는 것을 뜻한다. 거짓말이나 불안을 감추려면 자연히 말이 많아지게 되는데, 실제 마음속에 있는 것을 말해 버리면 마음의 응어리가 풀리게 된다.

시어머니가 몇 사람 모이면 며느리에 대한 불평과 자식에 대한 불만 등으로 입방아를 찧어대고, 반대로 며느리들이 모이면 언제나 시어머니가 입방아에 오른다. 그러나 이렇게 마음에 있는 말을 다해 버리면 며느리도, 시어머니도 마음이 개운해지는 것을 느끼게 된다. 신흥 종교에서 병을 고친다는 것도 사실은 마음속의 응어리를 풀어 주어, 중병을 낫게 하는 것이라고 할 수 있다.

술자리에서 술의 힘을 빌려 "자네는 형편없어"라든가, "과장님은 정말 지독한 분이십니다"라고 면전에서 상대를 공격하듯 시비를 거는 경우를 볼 수 있다. 농담 속에 진심이 포함되어 있으며, 이처럼 사소한 행동 하나하나에서 중요한 정보를 얻을 수 있다.

그 밖에 실언 · 실수 · 분실물 · 착각에서 그 사람의 진심을 읽어낼 수가 있다. 프로이트의 저서 가운데 이런 예가 있어 몇 가지 소개하고자 한다.

먼저 어느 조그만 도시에 있는 의과 대학의 해부학 교수가 한 실언을 예로 들고자 한다. 어느 날 그는 많은 학생들에게 '비강(鼻腔)'에 대한 설명을 하고 있었다. 비강은 아주 설명하기 어려운 신체 부분이었다. 강의가 끝나자 교수는 학생들에게 이렇게 물었다. "어때, 여러분 잘 알아들었어요?" 학생들은 입을 모아 "네"라고 대답했다.

자만심이 강하기로 정평이 나 있는 이 교수는 손가락 하나를 들어 보이면서 이렇게 말했다. "좀처럼 믿을 수 없군. 비강을 아는 사

람이란 대도시에서도 다섯 손가락으로 헤아릴 정도밖에 안 되는데
말이야."

말에만 실수가 있는 것은 아니다. 젊은 가정 교사에게 연정을
품고 있던 어떤 미망인은 전화를 걸 때 자기도 모르게 언제나 가정
교사의 전화 번호를 먼저 누르는 버릇이 생겼다.

거래처에 전화한다는 것이 자기 집에 거는 경우도 있는데, 이런
실수는 빚 상환을 미루고 싶거나, 데이트를 거절하고 싶을 때, 전
화를 걸고 싶지 않을 때 일어나는 경우가 많다.

그 밖에 자주 경험하는 실수는 편지에 주소를 잘못 적거나 빠뜨
리는 것이다. 어떤 부인 앞으로 여동생이 편지를 보냈는데, "이번
에 큰 집을 신축해서 이사했어요. 틈이 날 때 꼭 들려요"라는 내용
이었다. 부인은 축하 답장을 부친 것까지는 좋았으나, 동생의 예전

주소로 보내고 말았다. 그것은 질투의 표시인데, 그녀는 내심 '너는 예전의 조그만 집에 살면 충분해'라는 생각을 하고 있었음에 틀림없다. 사실 그 부인은 셋방살이에서 어떻게든 벗어나려고 발버둥치고 있던 때였던 것이다.

글을 잘못 쓰는 경우도 많지만 잘못 읽거나 잘못 들어서 실수하는 경우도 있다. 박씨는 그의 동기생이 병에 걸려 회복이 불가능하다는 소문을 듣고 병문안을 갔더니 암에 걸린 사람은 그가 아닌 그의 아내였다. 암에 걸린 부인이 아주 미인이었다는 것도 이런 실수와 관계가 있는지도 모른다.

또 박씨는 세미나에 강연 인사로 나가기로 한 약속을 어긴 적이 있다. 전문가들이 참석하는 세미나였는데, 주최측은 크게 당황하여 여기저기 연락을 취하다가 설마 하면서 박씨의 집으로 연락을 했더니 박씨는 유유히 낮잠을 자고 있었다.

강연회 날은 목요일이었는데, 마침 그 주에 나흘간의 연휴가 있어 그는 그 연휴를 의미 있게 보내려고 여러 가지 계획을 미리 세워 두었다. 그런 계획을 세운 뒤에 강연회 약속을 해버린 것이다. 강연회에 나가기로 약속을 했지만, 노트에 약속 시간을 적어 놓는 것을 잊어버리고 오로지 집에서 휴식을 취한다는 휴가 계획만을 실천하고 있었던 것이다. 이러한 망각 속에는 박씨의 무의식적인 욕구가 깔려 있는 것이다.

이렇게 사람들은 무의식 속에 깔려 있는 욕구 때문에 자신도 모르게 정말 해야 될 것을 망각해 버림으로써 실수를 하게 된다.

세상에 단순한 실수란 없다

우리는 말 실수나 글을 잘못 쓰는 등의 실수를 상대가 깜빡 잘못하여 저질러진 것이라고 대부분 생각한다. 그래서 일상 생활에서 상대의 그런 실수를 가볍게 봐 넘긴다. 그러나 죽느냐 사느냐 하는 경쟁을 강요받는 비즈니스 사회에서 실수는 엄하게 문책받아 마땅한 것으로, 그것을 '깜빡 잘못해서'라고 변명하는 것은 무책임한 행동이다.

이것과 관련하여 김씨의 괴로운 경험을 하나 소개하고자 한다. 김씨가 미국에 유학 중일 때 심리학 교수로부터 저녁 식사에 초대받은 적이 있다. 그 교수는 외국에서 온 김씨를 위로하려고, 김씨를 그의 집으로 초대하면서 "우리 집으로 오세요"라고 했다. 김씨는 이 말을 듣자 순간적으로 '뭐야?'라는 생각이 들었다. 다른 사람들로부터 그가 아파트에서 혼자 생활하고 있다는 말을 들었기 때문이다.

그는 김씨의 어리둥절한 표정을 눈치 채고 바로 '나의 집'이라고 정정했다. 김씨는 단순한 말 실수라고 가볍게 생각했으나, 그의 아파트를 방문해 보고는 자기가 경솔했음을 알게 되었다. 현관·침실·응접실·식당·복도와 집 안의 모든 벽에 젊고 아름다운 여성의 사진이 장식되어 있었는데, 그 사진은 모두 다갈색 눈과 금발을 한 여성의 사진이었다.

김씨의 질문에 그는 슬픈 듯한 표정을 지으며, 그 여성은 2년 전에 교통 사고로 죽은 그의 아내이고 지금도 그녀를 잊을 수 없다고 말했다. 이 이야기를 듣고 나니 김씨는 그가 처음에 '우리 집'이라고 말한 것은 죽은 아내를 잠시도 잊지 못하는 그의 진심에서 우러나온 말이라는 것을 깨닫게 되었다.

내가 친하게 지내는 어느 사장으로부터 이런 말을 들은 적이 있다. 비서에게 거래처 사장 앞으로 편지를 보내게 했더니, 그녀는 깜빡하여 다른 곳으로 편지를 부쳤다는 것이다. 그가 그녀의 실수를 엄하게 책망한 것은 말할 나위도 없지만, 그녀의 실수를 이상하게 여겨 물어보니 편지를 보낸 곳은 교통 사고로 사망한 약혼자의 고향이라는 것을 알게 되었다. 물론 말 실수를 포함하여 여러 실수에는 '깜박했다'라는 단순한 동기에서 나온 것도 있다.

프로이트는 실수의 원인을 자신이 무의식적으로 바라는 것과 그것을 극복하려는 의식의 갈등이라고 규정했는데, 실수 속에는 자신도 전혀 눈치 채지 못하는 본심이 감춰져 있다는 것은 앞의 예에서도 알 수 있었다.

이 심리적 메커니즘은 수영장에서 공을 갖고 놀고 있는 아이의 모습을 상상해 보면 좀더 확실해질 것이다. 공 위에 아이가 올라탄다든가 허리를 굽혀 균형을 잡으려 하면 할수록 공은 물 밑으로 가라앉아 보이지 않게 된다. 그러나 조금만 부주의하면 아이는 몸의 균형을 잃어 물 속에 빠지게 되고 공은 물 위로 떠오른다. 이 공이 바로 실수 속에 나타나는 심층 심리라고 해도 좋을 것이다. 곧 깜빡하는 마음 때문에 자제하는 마음이 무게를 잃어, 그 사람 본래의 마음이 나타나는 것이다. 이 작은 단서를 기초로 하여 타인의 마음 속을 읽어 내는 것이 '실수 속에 나타나는 심층 심리의 해독'이다.

프로이트는 이런 예를 들고 있다. 오스트리아의 하원 의장이 의회의 개회를 선언하려던 때의 일이다. 그는 "여러분, 나는 지금부터 출석 의원의 수를 조사하고 폐회하려고 합니다"라고 말했다. 회장은 온통 웃음바다가 되었는데, 당시 의회는 여당과 야당의 의원 수가 비슷하여 국회의 운영이 아주 어려울 것이라고 예상되던 때였다. 프로이트는 이것을 '빨리 마치고 싶다'라는 의장의 무의식 속에 내재되어 있던 욕구가 표현된 것이라고 해석했다.

이 과장의 경험도 하나 소개하려고 한다. 대기업에 있는 친구를 방문하려고 이 과장이 전화로 길을 물었더니, 친구가 버스 정류장 이름을 가르쳐 주었다. 이 과장은 그가 가르쳐 준 버스 정류장에 내렸지만 아무리 찾아도 친구가 다닌다는 회사는 없었다. 할 수 없이 다시 전화를 걸었더니 친구는 납득할 수 없다는 듯이 "내가 그렇게 말했어? 그 곳은 집 근처의 버스 정류장이야"라고 말했다. 확실히 친구의 집과 회사는 같은 버스 노선에 있지만, 이 과장이 버스 정류장을 잘못 들었을 리가 없었다.

이 과장은 그의 친구가 회사에 귀속 의식을 갖지 못하여 빨리 집에 가고 싶은 잠재 욕구 때문에 이런 실수를 했다고 생각했다. 그로부터 1년 뒤 그 친구가 다른 회사로 옮겼다는 소식을 듣고 이 과장은 자신의 해석이 맞았다는 것을 알게 되었다.

실수는 상대가 깜빡하여 저지르는 것만은 아니다. 이쪽도 깜빡하여 상대의 실수를 눈치 채지 못하는 경우가 있다. 실수는 스스로 눈치 채고 고치려고 할 때야 비로소 알아볼 수 있게 된다.

어떤 회사의 엘리트 과장에게 "당신 회사에는 과장이 몇 명입니까?"라고 물었더니, 그는 바로 "저 하나입니다"라고 말했다가 당황해서는 "아닙니다. 다섯 사람입니다"라고 고쳐 말했다. 자만심이 강한 그는 '나 이외에는 과장이라고 할 만한 사람은 없다'라고 늘 생각해 오던 것을 자기도 모르게 불쑥 말을 하게 된 것이다. 이처럼 말 실수를 해놓고 곧 말을 바꿨을 때는 처음에 한 말에 그 본심이 있다.

예를 들면 경쟁자의 이야기가 나왔을 때 "그는 그것을 해낼 수 없다"라고 단정적인 말을 해놓고 "잘 안 될 거예요"라고 완곡한 표현으로 바꾸는 것도 그것이다. 속마음을 털어놓고 나니 말이 지나쳤다는 느낌이 들어서 말을 바꾼 것인데 확실히 처음 표현에 그의 본심이 있다고 봐야 할 것이다.

지금까지 간단히 살펴보았지만, 이렇듯 말 실수나 '잘못 듣기, 잘못 읽기, 잘못 쓰기'에서도 상대의 본심을 읽어낼 수 있다. 회사에서 서로 경쟁 의식을 느끼는 사람이 폐렴으로 입원했다는 말을 '폐암'으로 잘못 듣고 사내에 소문을 퍼뜨려 나중에 동료들의 지탄을 받게 된 남자 사원이 있었는데, 그것도 상대방을 꺾고 싶다는 욕구가 너무 강한 나머지 듣기를 실수한 경우라고 할 수 있다.

'잘못 쓰기'에 관해서는 이런 유명한 일화가 있다. 미국 정신 분석학자의 시조라고 일컬어지는 브릴에게 어떤 신경증 환자가 자신의 직업과 신경증이 관련이 있을 것이라는 생각에서 이런 편지를 보냈는데, 그 가운데 다음과 같은 문장이 있었다.

"My trouble induce to that demanded frigid wife! There isn't even any seed(내가 앓고 있는 병은 그 지긋지긋한 불감증 아내 때문입니다. 전혀 장사가 될 것 같지 않습니다)."

frigid wave(불경기의 물결)라고 써야 할 것을 frigid wife(불감증인 아내)라고 잘못 쓴 것이다. 브릴은 이것을 읽고 그의 신경증의 원인이 아내의 불감증으로 생긴 섹스 불능 때문이라고 해석했는데, 사실 그의 아내는 불감증이었다.

'잘못 읽기'의 예도 있다. 프로이트는 제1차 세계 대전 때 두 아들을 전선으로 보내 놓고 잡지에 난 기사 'Die Feinden Vor Görz(게르츠에 맞서고 있는 적)'를 Der Friede Von Görz(게르츠의 평화)라고 잘못 읽은 적이 있다. 프로이트는 마음속으로 평화를 원하고 있었으므로 스펠링이 비슷한 독일어 '적(Die Feinden)'을 '평화(Der Friede)'라고 잘못 읽은 것이다.

실수는 말만이 아니라 행동에서도 나타난다. 예를 들면 취리히에 사는 어떤 사람이 휴일을 한가하게 집에서 보내고 있었는데, 갑자기 르체른까지 가지 않으면 안 되는 일이 생겼다. 가고 싶지는 않았지만 어쩔 수 없이 열차를 타고 르체른으로 가게 되었다. 그는 신문을 읽다가 중간 역에서 열차를 바꿔 탔는데, 열차가 막 떠나기 시작했을 때 좀 이상하다는 느낌이 들어 차장에게 물어보니까 취리히로 가는 열차라는 것이다. 취리히에 그대로 머물고 싶은 잠재적 욕구가 이런 실수를 저지르게 한 것이다.

무능한 사람이 항상 바쁜 척한다

책상 위에 서류를 산더미같이 쌓아두고, 머리를 싸매고 언제나 바쁘다는 것을 타인에게 과시하려는 사람이 있다. 겉으로 봐서는 아주 일에 열심이고 회사를 위해 열심인 것처럼 보여 윗사람도 그를 좋게 평가한다.

그러나 오히려 그런 사람 가운데 무능한 사람이 더 많다. 그는 자기의 무능함을 다른 사람에게 보이지 않으려고 애쓰고 있는 것이다. 자기의 콤플렉스가 드러날까 봐 더 바쁜 것처럼 행동하여 유능함을 가장하려 한다.

이런 사람은 바쁘다는 핑계로 다른 사람에게 일을 미루는 경우가 많으며, 일에는 흥미나 관심도 없으면서 비난과 처벌이 두려워 게으름을 마음속 깊숙이 감춰 두고 칭찬이 기대되는 행동만을 한다. 심리학에서 말하는 '반동 형성'이다. 그러나 게으름을 피우고 싶은 강한 욕구를 누르고 정반대의 행동을 취함으로써, 스트레스가 더 쌓이게 되어 오히려 반동 형성이 깨지기도 한다.

이런 사람은 자기처럼 열심히 일을 하지 않는 사람을 게으른 사람이라고 비난한다. 그런 사람의 본심을 알아내려면 반동 형성의 원인이라고 추측되는 요인을 일시적으로 해제해 보면 된다. 곧 상대가 비난과 처벌을 두려워하지 않도록 칭찬을 거듭하는 방법이다. 만일 상대가 반동 형성으로 일에 열심이었던 것이라면, 긴장이 풀려 지각을 하는 등 게으름을 나타내기 시작할 것이다.

타인과 함께 있으면 일의 능률이 오르는 타입은 외향적 성격, 타인과 함께 있으면 일의 능률이 오르지 않는 타입은 내향적 성격이라고 할 수 있다. 다시 말하면 시끄러운 방 안에 동료와 함께 있어도 일을 수월하게 끝맺을 수 있는 사람, 윗사람이나 부하 앞에서 평상시와 다름없는 실력을 발휘할 수 있는 사람은 외향적이고, 보고서 같은 것을 혼자 조용히 정리하기를 좋아하는 사람은 내향적이라고 할 수 있다.

이런 분류 방법과는 좀 다르지만, 앞에서 말한 바쁜 척하는 사람은 언뜻 보기에는 외향적이고 상사 앞에서도 대단히 인상 깊게 행동한다. 일을 수월하게 처리하고 윗사람에게 아첨도 잘한다. 주위 사람이 조금만 치켜 올려 주어도 힘을 내고 다른 사람의 어려운 요구도 잘 들어준다.

그러나 이런 사람은 조금만 자기 기분이 나빠지면 타인을 헐뜯기 시작하고 실패를 상대의 잘못으로 돌린다. 영업 부진의 원인을 따지는 따분한 회의에서는 머리가 아프고 기분이 나쁜 듯한 표정을 짓는다. 이런 사람은 거의 히스테릭한 성격을 갖고 있어 만사가 자기 뜻대로 움직여 주지 않으면 곧 본성을 드러낸다.

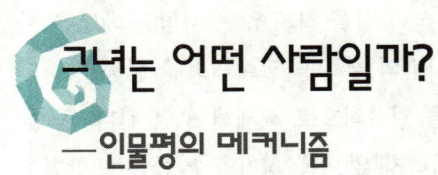

그녀는 어떤 사람일까?
—인물평의 메커니즘

　슈퍼에서 계산을 하기 위해 줄을 서서 기다리고 있는데 바로 앞에 서 있던 여성이 이런 식료품을 구입했다.

- 돼지고기(500g)
- 당근(한 봉지)
- 레귤러 원두커피(한 캔)
- 감자(한 봉지)
- 식빵
- 밀가루(한 봉지)
- 사과(3개)

　당신은 이 여성을 어떤 사람이라고 생각하는가?
　어떤 관리직의 연수회에서 이 여성의 인상에 대해 물었더니, "몸이 가늘고, 키가 크고, 안경을 끼고 있을 것 같다. 계획성 있는 사람으로 보이며, 오늘은 카레라이스를 만들 모양이다"라는 대답이 나왔다. 구입한 물건을 보고 성격뿐만 아니라 외모까지 이미지화했다. 심리 실험에 따르면, 이런 물건을 산 여성은 '계획성이 있고, 검약하고, 좋은 아내'로 비쳐진다는 것을 알 수 있다. 그러나 이 물건 가운데서 '레귤러 원두커피'를 '인스턴트 커피'로 바꾸면, 그 여성의 인상은 '나태하고, 계획성이 없고, 낭비가 심한 악처'로 비쳐졌다.

인스턴트 식품과 냉동 식품, 만들어 놓은 반찬을 사면 인스턴트 커피를 산 경우와 마찬가지로 악처라는 이미지를 준다. 이것은 미국에서 행해진 심리 실험이지만, 구입품이 무엇인지에 따라 대조적인 이미지가 생겨났다. 이런 결과는 여성에 대한 고정 관념과 커피를 좋아하는 미국인의 특성이 관련된 것이라고 생각된다. 쉬는 날에 요리를 만든다든지, 직접 만든 도시락을 직장에 가져오면 그 여성의 이미지는 좋아진다.

다음과 같은 장면에서 어떤 여성의 행동을 목격한다면 당신은 이 여성에 대해 어떤 인상을 가질 것인지 생각해 보자.

　　　1 계단에 넘어진 다른 여성을 도와 주는 장면
　　　2 가두 모금에 협력하는 장면
　　　3 호텔 앞에서 남성에게 말을 걸고, 그 남성과 걸어가는 장면
　　　4 술집에 들어간 뒤 남성과 나오는 장면

어떤 사람의 인상을 형성하는 데는 크게 두 가지 타입으로 나눌 수 있다. 첫째는 모순되는 장면을 서로 관련시켜 평가하는 '관련 설정 타입'이다. 이 타입은 세부적인 것에 구애받지 않고 종합적으로 대상을 평가한다.

둘째는 어떤 장면(대부분의 경우 평가를 낮추는 장면 3과 4)만

으로 평가하고 다른 장면(평가를 높이는 장면 ①과 ②)을 무시하는 '단순화 타입'이다. 이런 타입은 세부적인 것에 구애받아 대상을 나쁘게 평가하는 경향이 있다.

단순화 타입은 전통을 중시한다. 권위자에게 무조건 복종하고, 사람 사귀기를 싫어하고, 편견을 갖고, 애매한 일이 있으면 당황하고, 무엇이라도 '좋다, 나쁘다'라는 단순한 기준으로 잘라 평가하는 특징이 있다. 특히 단순화 타입에게는 '신근 효과(新近效果)'가 생기기 쉽다. 신근 효과란 가장 뒤에 제시되는 정보를 통해 어떤 사람에 대한 인상을 형성하는 것을 말한다. 이런 타입은 앞의 예에서 ③과 ④의 정보로 대상의 인상을 결정한다.

예를 들면 착실하게 일하는 사람이 한 순간 큰 잘못을 저질렀을 때 신근 효과가 작용하면 '기대에 어긋난 사람'이라는 낙인이 찍히게 된다. 또 '주의 감퇴 가설'이라는 것이 있다. 이것은 어떤 사람에 대해 여러 가지 정보가 있을 때 어떤 정보에 관심을 두는가에 따라 그 사람에 대한 인상이 바뀐다는 것이다.

앞의 예에서 남성과의 관계에만 주목하는 사람은 사람을 돕거나 모금 행위를 하는 행동에는 주목하지 않는다. 그래서 그 여성에 대해 나쁜 인상을 갖게 된다.

따라서 '배나무 밑에서는 갓도 고쳐 쓰지 않는다'라는 말도 있듯이, 의혹을 불러일으킬 만한 언동은 될 수 있는 대로 하지 않는 것이 좋다.

다른 한 편으로 생각해 보면 황희 정승처럼 모든 사람에게 좋은 인상을 주기도 어려운 일이다. 사랑하는 사람끼리만 서로 좋은 인상을 가져도 족하지 않을까?

반한 상대에게 약해지는 이유

　'반하면 약해진다'라는 말이 있듯 한 쪽이 다른 한 쪽에 더 큰 관심을 갖게 되면 저자세가 된다. 최근에는 부부의 주도권과 가정 전체의 주도권마저 아내에게 뺏긴 남성이 많은데, 다시 말하면 부권이 상실되고 있는 것이다.

　인간 관계를 이끄는 쪽이 오히려 그 인간 관계에 관심이 적다는 원리가 있다. 이것을 '최소 관심의 원리'라고 한다. 두 사람의 인간 관계에서 관심이 많은 쪽이 관심이 적은 쪽을 놓치지 않으려는 생각이 강해, 관심이 적은 사람의 요구에 끌려간다.

　애인과 부부 사이에서 보면 이 원리가 이해된다. 아내가 '월급은 모두 나에게 맡기세요'라든가, '이번 보너스로 먼저 내 코트부터 사주세요'라고 겉으로는 부탁인 것같이 말하지만, 주도권을 뺏긴 남편에게 그 말은 지상 명령과도 같은 것이다.

　이 원리는 부권(父權)과 부권(夫權) 모두를 상실한 남성에게 쉽게 적용된다. 곧 아내와 아이들에게 지나치게 관심을 갖는 남성은

오히려 가정 안에서 주도권을 아내와 아이들에게 빼앗기고 자기 의사도 관철시킬 수 없게 된다.

따라서 아내나 아이들에게 겉으로는 적당한 관심을 보이면서 내심으로는 강한 관심을 갖는 것이 남편과 아버지로서의 리더십을 찾는 방법이 될 것이다.

다시 말하면 남편과 아버지로서의 구실을 돈만 많이 벌어다 주는 것으로 착각하지 말라는 것이다. 다만 이런 '최소 관심의 원리'는 애인이라든가 부부, 또는 가족끼리라는 정서적 관계에만 성립하는 것이지, 비즈니스 관계에서까지 반드시 그런 관계가 성립한다고는 할 수 없다는 점을 유의해야 한다.

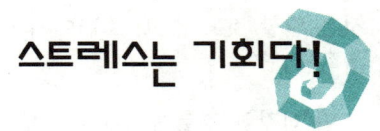

스트레스는 기회다!

영화로 낯익은 〈A특공대〉. 조지 페퍼트가 배역을 맡은 하니발 중령이 이끄는 무적 A팀은 겁 없이 수선을 떨어 관객의 웃음을 자아내게 한다. 그 영화의 실제 모델이 있었다는 것은 잘 알려져 있다. 베트남 전쟁에 참전한 미 육군 특수 작전 부대의 그린 베레 가운데서 선발된 특수 부대가 'A팀'이다.

영화에 등장하는 대원 12명이 각각 파괴 공작과 위생, 무선 기술의 전문가라는 것은 실제와 같지만, 실제 A팀에는 또 한 사람, 곧 스트레스 정도를 조사하는 정신과 의사가 함께 종군하고 있었다.

적지 깊숙이 잠입한 A팀은 적에게 포위당하여 심한 스트레스를 받고 있었다. 역전의 용사들은 스트레스에 과연 어떻게 대처하는가를 알아보기 위해, 그 정신과 의사는 대원의 소변을 날마다 채취하여 스트레스 상황에서 분비되는 물질을 조사했다.

어느 날 A팀은 적의 공격 일자를 적의 무선을 통해서 알아냈는데, 공격 일자는 8일 뒤였다. A팀 전원의 스트레스 수준이 높아진

것은 말할 것도 없고, 소변에서는 대량의 스트레스 물질이 검출되었다.

이 심각한 스트레스에 어떻게 대처하면 좋단 말인가. 상상만 해도 절망적이었다. 병사들은 극도로 긴장했지만 전투 준비를 하지 않을 수 없었다. 지뢰를 부설하고 진지에 철조망을 가설하고 엄폐호를 파기 시작했다. 작업은 공격 예정일이 다가옴에 따라 더욱 분주해졌지만, 이상하게도 스트레스 물질의 분비는 갈수록 감소했다.

공격 예정일 당일 병사들은 총기를 정위치에 배치하고 '언제라도 오라'는 태세로 총안을 조준했다. 놀랍게도 그 상황에서 병사들의 스트레스는 최저 수준으로 떨어졌다. 적의 기습에 대비하기 위한 진지 구축 작업에 몰두함으로써 스트레스가 사라진 것이다.

그러나 반대로 장교들의 스트레스 수준은 계속 올라가 공격 예정일이 되자 최고 수준에 달했다. 장교는 계속 명령만 내렸을 뿐이지 육체적인 작업은 하지 않아 스트레스가 계속 쌓인 것이다. 영화에서 하니발 중령이 계속 이마를 찌푸리고 시가를 물고 있었던 것도 그 때문일까?

문제를 해결하려고 계속 몸을 움직이게 되면 스트레스와 불안은 해소된다. 어떤 강한 스트레스 속에서도 그것을 물리치기 위해 만반의 준비를 갖추게 되면 스트레스는 '언제와도 좋다'라는 도전 의식으로 바뀐다. 도전 의식과 행동이 스트레스를 위협이 아닌 도전의 기회로 만들어 준다.

경쟁 사회에서는 이런 자세가 아주 중요한데, 성공한 경영자는 A팀의 병사와 같은 자세로 일했던 사람이다. 곧 새로운 일과 어려운 문제로 스트레스에 부딪치면, 그것을 도전 과제로 받아들여 극

복할 수 있다는 자신감을 갖고 열심히 일했던 것이다. 다시 말하면 스트레스를 도전의 기회로 받아들인 것이다.

경쟁 사회에서 계속 도전만 하다 보면 지쳐 녹초가 될 것 같지만, 강한 스트레스를 받은 기업의 최고 경영자가 보통 샐러리맨보다 수명이 더 길다는 것이 밝혀졌다. 그런 차이는 어디에서 오는 것인가? 보통 샐러리맨은 스트레스를 외부에서 덮친 재난으로 생각하여 스트레스의 원인을 찾거나 문제를 해결하려 하지 않기 때문에 오히려 스트레스는 더 심해져 속병이 된다.

스트레스는 유령과도 같아서 두려워 피하려고 하면 오히려 더 홀리게 된다. '잘 만났어!' 라고 용감하게 맞서면 스트레스는 오히려 경험을 제공하는 원조자가 된다. 그런 자신감이 건강을 증진시키고 질병을 견뎌낼 수 있는 힘을 제공한다.

선의의 거짓말보다 확실한 정보 공개가 효과적

환자에게 병명을 알리는 것에서부터 국민에게 행정 정보를 공개하는 것에 이르기까지 정보를 공개하느냐 마느냐가 문제시되고 있다. 예를 들면 의사들은 '중병 환자에게 정확한 병명을 말하면 절망할지도 모르고, 그렇다고 너무 큰 기대를 갖게 할 수도 없고……' 라고 고민한다. 직장에서도 마찬가지다. '사실을 그대로 알린다면 회사가 문제가 되고, 그렇다고 그냥 넘어갈 수도 없고……'

이렇듯 정보 공개와 그것이 주는 충격 사이에서 큰 딜레마에 빠지는 일이 종종 있다. 그렇다면 좋지 않은 정보도 알려야 하는 것일까? 이런 의문에 대한 대답이 이스라엘 육군에서 행한 실험 결과에서 확실히 밝혀졌다. 이 실험은 행군 거리에 대한 정보 제공이 병사의 사기와 실행 능력에 어떤 영향을 주는가를 알아 보는 것이었다.

보병은 중무장을 하고 하루에 보통 30km 정도 행군 훈련을 하는데, 실험에서는 40km 정도를 행군시켰다. 행군하기 전에 장교가 "오늘 행군은 40km로 한다"라고 미리 말해 주면 병사들은 행군도 하기 전에 미리 실망해 버린다. 그것을 막기 위해, "보통 때보다는 좀 긴 행군이지만 열심히 해주기 바란다"라고 애매하게 말할 수도 있다. 또 행군 거리를 거짓으로 전할 수도 있다.

실험에서는 전달되는 정보의 양과 병사의 사기, 실행 능력과의 관계를 조사하기 위해 네 집단으로 나누어 비교 조사했다.

1 정보 제시 집단　행군 거리가 40km라는 것을 듣게 되고, 행군 도중에 현재 몇 킬로미터를 행군하고 있는지에 관한 정보를 수시로 정확하게 얻는다.

2 정보 미제시 집단　"오늘은 보통 때보다 긴 행군을 하겠다"라는 말만 듣는다. 도중에 거리에 관한 정보는 전혀 제공되지 않았다.

3 과소 정보 집단　처음에는 "30km 행군"이라는 말을 듣지만, 30km 지점에서 "10km를 더 행군해야 한다"라는 지시를 듣는다.

4 과대 정보 집단　행군 거리가 60km라고 알고 있었으나, 40km 지점에서 "오늘은 이것으로 마치겠다"라는 말을 듣는다.

이 네 종류의 집단을 행군시키고 어느 집단의 사기가 가장 많이 떨어지는가, 탈락자는 몇 명이나 나오는가, 또 병사의 혈액 가운데 스트레스성 호르몬의 농도는 얼마인가를 조사했다. 행군 거리는 네 집단 모두 40km였으나, 집단간에 큰 차이가 있었다. 가장 사기가 떨어진 집단은 어느 집단이었을까?

30km 지점에서 앞으로 10km 더 행군하라고 명령을 받은 집단(3)의 스트레스도 심했지만, 그보다 더 사기가 저하되고 스트레스를 많이 받은 집단은 따로 있었다. 그것은 정보를 전혀 주지 않았

던 집단(②)인데, 병사들의 사기는 완전히 상실되어 있었다. 이 집단은 지금 몇 킬로미터 정도를 행군하고 있는지 추측조차 할 수 없어, 상당히 많이 행군했다고 생각하는 병사도 있는가 하면, 별로 많이 행군하지 않았다고 생각하는 병사도 있었다.

혈액 중의 스트레스성 호르몬의 농도와 거리 감각은 비례하여, 스트레스성 호르몬의 분비가 많은 사람일수록 많이 행군한 것 같은 느낌을 가졌다. 행군의 피로는 다리 근육이 아니라 뇌로 느끼는 것이다. 따라서 정보 부족은 피로를 더하게 하여 육체 감각과 판단력을 마비시킨다.

그렇다면 60km라는 말을 들었던 집단은 어떻게 되었는가? 60km 행군이라는 말만 듣고도 사기가 떨어져 대부분은 10km 지점에서 탈락했다. 탈락하지 않고 행군을 마친 병사도 있었지만, 그런 병사는 60km를 행군했다고 생각했는데, 사실은 40km밖에 행군하지 않았다는 말을 듣고 매우 실망했다(④). 사기와 실행 능력이 떨어지지 않은 집단은 40km 행군 중에 지금 몇 킬로미터 지점을 행군하고 있다는 정보가 수시로 주어진 집단, 곧 정보 제시 집단(①)이었다. 그들은 조금만 더 행군하면 목표 지점에 닿을 수 있다는 희망을 갖고 행군을 계속 할 수 있었던 것이다.

그러나 무조건 정보를 공개하는 것만이 능사는 아니다. 암이라는 통고도 환자에게 희망을 불어넣을 수 있는 정확한 정보를 줄 수 있을 때 가장 효과적이다. 행정 당국의 정확한 정보 공개도 국민들에게 희망을 불어넣어 줄 수 있어야 한다. 마찬가지로 학생의 성적을 공개하는 것도 학생에게 희망과 가능성을 불어넣어 줄 수 있어야 한다.

다이어트도 마음먹기 나름

'소인은 놀고 있으면 좋지 못한 짓을 한다' 라는 말은 공자의 『논어』에 나오는 한 구절인데, '부인이 놀고 있으면 비만이 된다' 라는 말은 심리학적인 의미에서의 경구라고 할 수 있다. 직업을 가진 여성들은 대체로 아름답다. 그것은 일의 효과 때문이다. 전업 주부가 대부분이었던 시대에는 주부라면 뚱뚱하다는 것이 연상되었으나, 그 때도 직업 여성은 대부분 날씬한 체형을 유지하고 있었다.

여성이 아이를 낳고 뚱뚱해지는 것은 자연스런 현상이긴 하지만, 비만해지는 데는 심리학적인 이유도 있다. 그것은 가정 속에 들어가 '몸매에 신경을 쓰지 않아도 된다' 라는 의식을 갖기 때문이다.

지방은 좋게 말하면 정절의 심벌이고, 나쁘게 말하면 색기가 없어졌다는 표시다. 집 밖에서 일을 하게 되면 남성의 눈을 의식하게 되어 성적 자아가 되살아난다. 그렇게 되면 호르몬이 분비되어 몸의 근육이 뻗어 스마트하게 된다. 정신적인 청춘기로 되돌아오게 되면 육체는 그것에 맞추려고 애쓴다. 성적 관심은 복근을 줄이는 효과가 있다고 말하는 학자도 있다.

집 안에서만 맴돌던 주부가 집 밖에서 일하게 되면 예뻐지는 예를 많이 볼 수 있다. 집 밖에서 일한다는 것은 아주 효과 있는 미용법인지도 모른다. 여성만 그런 것이 아니고 남성도 결혼하고 나이가 들면 성적 관심이 없어지고 몸의 긴장이 풀려서 엉덩이에 군살이 오르게 된다.

마음은 몸에 민감하게 반영된다. 주부가 감기에 걸리기 쉽고, 몸 상태가 좋지 않은 것은 고민거리가 많기 때문이다. 말로 표현할 수 없는 심리 상태가 질병이라는 형태로 여성의 몸을 통해 나타난다. 최근의 연구에 따르면, 자궁암과 유방암은 부부 관계에 문제가 있을 때 발생하기 쉽다는 것이다.

요즘 의학계에서는 장기 이식과 인공 장기를 둘러싼 시비로 떠들썩한데, 여기에서 중요한 것은 의학과 의료 기술상의 문제가 아닌 몸을 치료한 뒤의 마음, 곧 새로운 삶을 얻고 난 뒤의 생활에 대한 적응이 문제가 된다.

영국에 이런 예가 있었다. 태어난 지 얼마 안 되어 시력을 잃은 어떤 사람이 52세에 시력 회복 수술을 받았다. 직업은 구두 수리공으로 물론 결혼도 했고 성격도 쾌활했다. 눈이 먼 것을 빼면 보통 사람과 같았다. 그런 그가 시력 회복 수술로 52세에 처음으로 시력을 찾은 것이다. 최초로 본 것은 의사의 얼굴이었는데 그 당시를 이렇게 회상했다. "나는 내 앞에 어렴풋이 툭 튀어나온 어떤 형태를 보았다. 나는 그것을 건드려 보고 그것이 내 코가 틀림없다고 생각했다. 처음에는 그것이 무엇인지를 알아내기 위해 눈이 안 보일 때처럼 감각과 청각으로 확인해야만 했다."

시력은 아주 빨리 회복되어 갔다. 그러나 그의 마음은 차츰 우울해지기 시작하여 수술 몇 개월 뒤에는 우울증에 걸렸다. 그가 가장 충격을 받은 것은 눈으로 보이는 새로운 세계가 눈이 안 보일 때 생각했던 세계와 전혀 다르다는 것이었다. 그는 슬픈 듯이 이렇게 말했다. "나는 언제나 여성은 아름답다고 생각해 왔습니다. 그러나 여성을 실제로 보니까 별로 아름다운 것 같지 않습니다."

보이는 것 모두가 지금까지 상상했던 것과는 달랐던 것이다. 한마디로 문화 충격을 느낀 것이다. 그는 늘 "세상은 너무 단조롭다"라고 말하면서 우울한 나날을 보내다가 기적의 수술을 받은 지 1년 9개월 뒤에 심한 우울증으로 생애를 마쳤다.

그는 맹인으로서는 훌륭하게 자립할 수 있었지만, 정상인으로서의 인생에서는 완전히 자신감을 상실하고 말았던 것이다. 52년 동안 익숙해 있던 청각과 촉각의 세계에서 벗어나, 눈이 보이는 새로운 세계로 들어오면서 적응력을 완전히 상실한 것이다. 수술로 시력은 회복되었지만, 마음은 오히려 악화되었던 것이다.

의학은 하루가 다르게 발전해 가고 있지만, 그것에 수반되는 마음의 문제는 너무 소홀히 생각하고 있는 것은 아닐까?

작은 즐거움에서 맛보는 행복

'행복은 누구나 찾아낼 수 있지만 찾지 않고 있을 뿐이다.'

'행복은 고급 브랜드 상품이 아니라 필수품처럼 널려져 있다.'

어떤 근거로 이렇게 말하는 것일까?

이런 심리 실험이 있다. 남성과 여성에게 6주 동안 자기의 기분을 기록하게 하고는 행복감을 평가하게 했다. 6주간이라면 한 달 반이므로 기분 좋은 날도 있고, 우울한 날도 있을 수 있다. 하루 중에도 즐거울 때가 있는가 하면 슬플 때가 있다. 그 조사에서 행복이란 어느 정도의 시간을 기분 좋게 보냈는가로 결정된다는 것이 밝혀졌다.

즐거움의 정도와 크기는 행복과는 별로 관계가 없었다. 얼마나 자주 그리고 긴 시간 동안 좋은 기분과 즐거운 기분을 느낄 수 있는가 하는 것이 행복의 척도가 된다. 따라서 가끔 느끼는 큰 즐거움보다도 작은 즐거움을 자주 맛보는 데서 더 큰 행복을 느낄 수 있게 된다.

구체적으로 말하면, 피크닉을 갔다거나, 새로운 물건을 만들었다거나, 정원을 가꾸었다거나, 개와 함께 산책을 나갔다거나, 쇼핑을 했다거나, 부부가 함께 등산을 갔다거나 하는 등의 단순한 즐거움이 행복감을 준다는 것이다.

최고급 레스토랑에서 단 한 번 극적인 식사를 하기보다는 밤하늘을 보면서 기분 좋게 정원에서 저녁 식사를 하는 것이 더 행복한 일이다. 이런 것들이라면 누구나 자주 행복을 맛볼 수 있다.

그런데도 왜 그런 것에서는 행복을 맛보지 못하는가? 인간의 사고 방식이 신문과 텔레비전 때문에 너무 패턴화되어 있기 때문이다. 신문과 텔레비전 뉴스는 흔히 있을 수 있는 사소한 일은 보도하지 않는다. 그것을 모두 보도한다면 지면과 시간이 부족할 것이다. 그래서 희귀한 사건만을 전하고 있는 것이다. 이런 패턴이 인간의 행복감에도 영향을 끼쳐, 일상에서 일어나는 사소한 일에서는 행복감을 느끼지 못하고 뭔가 특별하고 극적인 사건만을 행복이라고 착각하고 있다. 행복이란 극적인 절정감이 아니라, 우리 주변에 많이 널려 있는 것에 대한 즐거움이라고 할 수 있다.

어떤 미망인이 이런 말을 하는 것을 들은 적이 있다.

"남편을 잃고 난 뒤에 언제나 생각나는 것은 그와 산책했거나 함께 일을 했던 때입니다. 그 때가 정말 행복했다는 것을 이제야 느낄 수 있습니다."

이처럼 비싼 돈을 들이지 않고서도 행복을 즐길 수 있다. 큰 돈을 손에 넣는다든지 크게 출세한다든지 하는 등 큰 일만을 행복이라고 생각하여 그것에 모든 생활을 거는 일은 정말 잘못된 것이다. 욕심 없이 날마다 생활을 즐기는 자세가 더 중요하다.

　"그러나 그런 사소한 행복에만 매달리다가는 금방 질려 버리지 않겠어요"라고 반박하는 사람도 있을 것이다. 그 말도 틀린 것은 아니다. 그러나 그런 일에 질려 또 새로운 것을 찾아낸다는 것도 자연스러운 일이라고 할 수 있다.

　수영 교실에서 수영을 배우기 시작한 것이 이젠 수중 다이빙을 즐기게 되고, 또 해외 원정까지 가게 되었다면 성공한 행복의 사례가 된다. 그러나 "꿈에 그리던 새집을 사서 이사를 했더니 유지비만 더 많이 들어 여간 부담스럽지 않습니다"라고 말하는 사람은 행복에 실패한 사람이다.

　사회학에서는 '즐거운 상태'를 규정할 때 일정한 정도를 넘으면 '좋은 것'도 오히려 '괴로움'이 된다고 본다. 그 조건이란 무엇인가? 자기 능력으로 할 수 있는 범위보다 조금 더 어려운 것, 곧 조금 더 힘쓰고 노력하면 달성할 수 있는 범위가 그 조건이 된다. 이

범위 안에서라면 조금 어려운 일도 즐거운 도전이 되어 성취감을 맛볼 수 있다.

집을 사기 위해 집 값을 치를 때까지 쪼들리는 생활을 해야만 집을 살 수 있는 큰 돈을 모으게 된다면 집을 사는 것이 행복이 될 수 없다. 그런 행동은 자기 생활을 희생하게 되어 스스로 불행을 부르게 된다. 조그마한 노력으로 손에 넣을 수 있는 범위의 것을 찾게 되면 고생이 도전의 즐거움으로 바뀐다.

행복한 결혼 생활을 하는 사람은 자기의 능력을 파악하여, 그 능력 범위 안에서 생활에 도전하는 사람이다. 인생에서도 마찬가지다. 아무런 어려움이 없는 인생은 아무런 즐거움도 없다. 작은 어려움이 있으므로 그것을 극복해 나갈 때 즐거움을 느낄 수 있다.

"집을 사겠다고 담배를 끊어라, 용돈을 줄여라 하는 것이 작은 노력이란 말이야?"라고 남편이 아내에게 불평한다.

"그것이 바로 작은 노력이에요. 별 볼일 없는 당신이 노력하는 것이 작은 노력 아니겠어요?"

아내의 이런 태도는 남편의 존재를 과소 평가하게 한다. 행복을 지나치게 바라면 오히려 부부 관계가 더 멀어진다는 점에 주의해야 한다.

불행 없는 행복 없다

　행복과 불행은 표리 관계에 있다는 것이 행복과 불행의 큰 특징
이다. 그런 특징을 모르기 때문에 결혼 생활이 불행하게 느껴진다.
인생 경험은 행복감에 큰 영향을 끼친다.
　다음과 같은 경험을 기억해 내어 당신의 기분이 어떻게 변하는
지 알아보자.

　① 10년 전에 일어났던 유쾌하지 않은 경험과 학교나 직장, 가
족과의 사이에서 당신이 어려웠다고 생각되는 일을 생각해 보라.
　② 마찬가지로 그 때 경험했던 아주 유쾌하고 행복한 일을 생각
해 보라.
　③ 현재 경험하고 있는 가장 어려운 일을 생각해 보라.
　④ 현재 느끼고 있는 가장 즐거운 일을 생각해 보라.

　위의 네 가지 경험을 생각해 볼 때 언제 가장 행복한 기분이 들

고 언제 가장 불행한 기분이 드는지 사람들에게 조사해 보았더니, 현재 가장 힘들다고 생각되는 일(❸)에서 가장 불행한 기분에 빠져들고, 또 과거의 행복한 일을 기억해 낼 때(❷)도 불행한 기분에 젖게 된다는 결과가 나왔다.

현재 겪고 있는 어려운 문제를 생각하면 과거의 행복한 일이 회상되어 현재가 더 어렵게 생각되는 것이다. '옛날은 정말 좋았었지. 그에 비하면 지금은……' 하는 생각이 든다. 결혼한 여성이 결혼하기 전의 즐겁고 행복했던 일을 생각하면, 주부로서의 현재 생활이 비참하게 느껴지는 것이다.

곧 과거의 화려했던 추억만 회상하는 사람은 행복감을 느낄 수 없다. 반대로 가장 행복한 기분을 느낄 때는 과거의 어려웠던 일과 불행했던 일을 생각해 낼 때(❶)다.

'과거의 어려웠던 때와 비교하면 현재는……' 하는 행복감을 느낄 수가 있다. 독신 시절에 겪었던 실연이나 결혼 초의 옹색한 살림살이 등 어려웠던 일들을 회상하면 지금은 행복하다는 생각이 들게 된다.

행복감이라는 것은 기본적으로 비교 수준으로 결정된다. 과거와 비교하여 지금이 좋은 상태라면 행복을 느끼게 된다. 신혼 때는 부부 싸움이 끊이지 않았지만, 지금은 한 달에 한 번 정도는 같이 영화를 보러 갈 정도로 부부 사이가 원만해졌다고 생각하면 행복을 느끼게 된다.

생활이 단조롭고 지루하다고 생각될 때는 옛날의 가난했던 때와 고생스러웠던 일을 생각하면 현재의 생활이 가치 있고 중요한 것으로 생각된다.

현재가 불행하다고 생각하는 사람은 어떻게 하면 되는가?

행복감은 비교 수준으로 결정되므로 그것을 역이용하면 된다. 곧 현재가 불행하다고 생각하는 사람은 지금은 장래의 행복을 위한 준비를 하고 있다고 생각하면 된다. 지금이 아무리 어렵더라도 나중에 지금을 돌이켜보았을 때, '그 때에 비하면 행복하다'라는 생각을 갖기 위한 경험을 쌓는 것이라고 생각한다면 과거의 불행은 현재의 행복이 되고, 현재의 불행은 미래의 행복이 된다.

아주 행복한 결혼 생활이란 신혼 때는 어려운 생활부터 출발해서 차츰 생활 수준과 애정이 상승해 가는 것을 말한다. 미국의 한 조사에 따르면 부자 가운데 자기가 행복하다고 생각하는 사람과 불행하다고 생각하는 사람은 절반씩이었는데, 행복하다고 대답한 사람은 과거에는 불행했던 사람들이었다.

'젊었을 때 고생은 사서도 한다'라는 말이 있다. 그것은 고생이 인격 형성과 중년 이후의 행복감에 큰 요인이 된다는 것을 의미한다. 그렇게 보면 행복한 결혼이란 불행과 행복 사이를 왕래하는 동안 쌓이는 것이라 할 수 있다. 행복이란 다시 말하면 이상과 현실의 차이를 조금씩 줄여 나가는 것이라고 할 수 있다.

행복을 얻는 비결

    이 세상에서 가장 쉽게 누릴 수 있는 행복은 무엇일까? 아마도 복권 당첨이 아닐까. 1등 당첨으로 3억 원의 상금을 탄다면 세계를 보는 시각이 바뀔 만큼 꿈과 같은 나날이 될 것이다. 한 심리학자는 "누구나 그렇게 생각하겠지요. 하지만 그렇다고 정말 꿈만 같은 나날이 되리라고 생각하세요?"라고 냉소를 보내며 말한다.

    어떤 심리학자가 미국 인디애나 주에서 복권에 당첨된 22명에 대해 생활의 만족도를 조사한 적이 있다. 상금액의 최고는 1000만 달러(약 120억 원)였고, 평균은 50만 달러(약 6억 원)였다.

    얼마나 행복하다고 생각하는가를 9점을 기준으로 조사했다. '아주 행복하다'가 9점이고, '전혀 행복하지 않다'가 1점이다. 보통 사람들은 '아주 행복하다'와 '전혀 행복하지 않다'의 중간 점수인 6.5점이었다. 물론 복권 당첨자도 당첨되기 전에는 6.5점이었다.

    그러면 복권 당첨 1년 뒤에 그들은 얼마나 행복하다고 느낄까? 아마 당첨 직후에는 이런 말을 했을지도 모른다.

"1000만 달러라면 120억 원이지요. 우선 좋은 집을 사겠어요. 나머지는 예금하고, 회사는 집어치우지요 뭐. 120억 원이면 연 금리 5%라고만 해도 6억 이상 나오겠지요. 해외 여행을 즐기고 아내에게도 하고 싶다는 것은 모두 해주고, 자동차는 벤츠나 링컨 컨티넨탈을 타겠어요."

물론 당첨 직후에 그들이 느낀 행복도는 최고 점수인 9점이었지만, 1년 뒤에는 6.8점으로 줄어들었다. 그것은 보통 사람이 느끼는 6.5점에 비하면 별 차이가 없는 것이었다.

복권이 당첨되었어도 진정한 행복을 맛본 것은 아주 짧은 기간이었다. 짧은 기간 동안이나마 최고의 행복을 맛보고는, 1년 만에 다시 보통 사람 수준의 만족도로 되돌아왔다는 것은 의외이다. 많은 돈은 마약과 같아서 일단 손에 넣게 되면 심각한 후유증이 생긴다.

복권 당첨자는 대부분 일상 생활에서 즐거움을 못 느꼈다. 친구들과 대화를 나누고, 같이 식사를 하고, 텔레비전을 보고, 농담을 즐기는 일이 없어졌다. 갑자기 많은 돈이 들어온 대신 친구를 잃었고, 일상 생활의 작은 즐거움을 잃게 된 것이다. 힘든 일이나 복잡한 인간 관계에도 작은 행복은 있게 마련이다. 사소한 생활 속에서도 행복을 느끼는 것이 행복해지는 비결이다.

행복이란 도대체 무엇인가? 너무나 추상적이어서 실감할 수가 없다. 당신이 갖고 있는 자동차에 만족하고, 결혼 생활에 불만이 없다면 행복하다고 할 수 있겠는가? 아마 대부분은 '그렇다' 라고 대답할 것이다. 결혼 생활에 불만이 없고 생활 수준에도 만족한다면 그것이 행복이다.

　"그걸 행복이라고 한다면 행복하지 않은 사람이 어디 있겠어요"
라고 반박하는 사람도 있다. 그러나 작은 기쁨으로도 행복을 느낄
수 있다는 것은 실험으로도 증명된다. 당신이 길거리에서 돈을 주
웠다고 하자. 그것으로 당신은 하루 종일 행복한 기분을 가질 수
있다. 한 순간 기분은 좋겠지만, 그것을 어디 행복이라고까지 말할
수 있겠는가. 그것을 행복이라고 한다면 심리학은 과학이라기보다
도덕이라고 말해야 할 것이다.

　그러나 미국의 어느 쇼핑 센터에서 실시한 실험에서 작은 기쁨
으로도 행복을 느낄 수 있다는 것이 밝혀졌다. 그 실험에서는 통행
인에게 다음과 같은 질문을 했다.

　"당신 자동차는 얼마나 자주 수리를 해야 합니까? 냉장고를 지
금 것과 같은 크기로 바꾸겠습니까? 결혼 생활에 만족하십니까?"

통행인의 대부분은 "자동차는 자주 고장이 나고, 같은 크기의 냉장고를 사고 싶지 않으며, 결혼 생활에서도 그렇게 만족을 못 느낀다"라고 부정적으로 대답했다. 이번에는 쇼핑 센터에 1달러짜리 지폐를 떨어뜨려 놓고, 통행인이 줍게 하고는 같은 질문을 했더니 놀랍게도, "자동차는 고장이 잘 나지 않고, 냉장고는 지금 사용하는 것과 같은 크기로 바꾸겠으며, 결혼 생활에는 불만이 없다"라고 긍정적으로 대답했다.

1달러를 주웠다고 해서 기분은 좋아질지 모르지만, 행복해진다고까지는 할 수 없다. 그러나 즐거운 기분에 젖게 되면 행복을 느끼게 된다. 그런 기분을 행복이라고 생각하지 않기 때문에 행복이라는 뜬구름을 찾아 헤매는 것이다.

아무리 작은 즐거움이라도 그것에 만족하게 되면 행복해진다. 왜 우리는 그런 것을 행복이라고 느끼지 않는가? 뇌의 정보 처리의 문제다. 인간의 대뇌는 많은 정보를 처리하므로, 특별한 것만 기억하고 사소한 것은 지나쳐 버린다.

우리는 행복을 아주 색다르고 특별한 것이라고 생각하는 경향이 있다. 일상 생활에서 행복을 찾으려 하지 않고 환상만을 쫓으니까 언제나 불행하다는 생각을 갖는다.

1달러만 주워도 행복해지는데 우리는 그것도 모른 채 계속 큰 행복만을 찾아다니는 것이다.

드라마가 불륜을 부추긴다

　　남녀간의 성 역할은 언제부터 차이가 나기 시작한 것일까? 한 주부가 넋두리를 늘어놓는다. "아무리 열심히 일해도 보람이 없어, 날마다 청소다, 빨래다, 귀찮은 일만 하니까 이젠 짜증이 나서 정말 내가 하고 싶은 일만 했으면 좋겠어."

　　'성 역할의 차이는 교육의 산물로서, 엄밀히 말하면 읽고 쓰는 능력을 갖게 됨에 따라 전통적인 역할을 인식하게 되었다' 라는 어느 사회학자의 말이 떠오른다. 곧 문자를 읽을 수 있게 됨에 따라, 문자를 통해 다른 생활 방식을 배우게 되어 성 역할을 갖게 되었다는 것이다.

　　정보의 양이 늘어날수록 현재의 생활에 대한 불만이 증가한다는 것은 사실이다. 특히 사람은 자기와 타인을 비교함으로써 자기의 특징을 파악하려 하기 때문이다.

　　20대에게 "미국에서 가장 성적 자유를 누리는 세대는 어느 세대인가?"라는 질문을 했더니, 20대는 이구동성으로 "30대 이상"이라고 대답했다. 같은 질문을 중년층에게 해보니 그들은 "30대 이하"라고 대답했다.

미디어 정보를 보고 젊은 사람들은 중년층들이 프리섹스를 즐긴다고 생각하고, 중년층은 젊은 사람들이 그것을 즐긴다고 생각했다. 결국 미디어가 전하는 현실은 실제로는 존재하지 않는다는 것이 된다.

그렇다면 매체 정보는 거짓이란 말인가? 소수의 사람들만이 성적 자유를 누리고 있는데도, 매스컴을 통해 정보가 확대되니까 대부분 '다른 사람들은 모두 성을 즐기고 있다'라고 믿게 된 것이다.

그래서 '불륜 붐', '여성의 자립 붐', '정년 이혼'과 같은 정보를 현실이라고 믿게 되는 것이다. 요즘 들어 텔레비전 드라마에 자주 나오는 불륜은 그것이 텔레비전으로 방영되기 전까지만 해도 비윤리적이며, 부도덕한 행위로 여겨져 사람들은 입에 올리기조차 주저했다.

그러나 텔레비전이나 잡지에서 붐이라고 부추기니까, 흔히 있을 수 있는 일인 듯 화제에 오르내리고 있다. 그것을 자꾸 화제로 올리다보니 부도덕한 행위가 아니라 유행인 것처럼 생각하게 된 것이다. 정말 어처구니없는 일이 아닌가?

'유행이니까 나도 기회만 있으면' 하는 식으로 붐이 되어 버렸다. 이것을 심리학에서는 '아나운스 효과'라고 한다. 실제로 불륜은 많은 것인가? 잡지 같은 데 불륜 상담이 많은 것을 보면 그럴지도 모른다. 이것도 매체 정보가 만들어내는 가짜 현실이다. 텔레비전 전화 상담 같은 데 등장하는 사람은 특수한 사람이다. 평범한 사람은 텔레비전 상담에 전화조차 하지 않는다.

　정말 불륜은 붐인가? 이것도 매스컴이 만들어내는 가상 현실이다. 매스컴에 등장하는 사람은 특수한 사람이다. 특히 연예인은 보통 사람과 다른 가상 세계를 체험하고 있다.

　어떤 남성이 이런 불평을 늘어놓았다. "텔레비전에 나오는 상품 광고는 나 같은 사람의 스타일을 마냥 구겨 놓는단 말이야. 그렇게 멋진 남자가 결혼 기념일에 그렇게 멋진 선물을 아내에게 해대니, 나 같은 건 어디 설 자리가 있어야. 다른 남편들은 모두 그렇게 멋있게 보이니, 어디 아내가 나를 곱게 보겠어?"

　매스컴의 정보는 때로는 근거 없는 소문과 같아서, 그것이 실제인지 아닌지를 판단하는 것은 독자나 시청자의 판단에 달려 있다.

　매스컴이 만들어내는 가상 세계를 현실 세계와 구별할 줄 아는 안목을 가져야 한다.

마음만 먹으면 언제나 청춘

　다시 젊어진다는 것은 동화 속에서만 있을 수 있는 이야기가 아니다. 예전의 의학 상식으로 보면 노화는 일방 통행의 과정이므로 돌이킬 수 없는 것이었다. 젊어진 듯한 기분이 드는 것은 기분 문제이지 육체적으로나 생리학적으로 젊어진 것은 아니며, 늙는다는 것은 나이를 먹어 가는 것이기 때문에 나이가 줄어들지는 않는다고 봤다.

　그러나 이와 같은 상식은 보기 좋게 깨졌다. 그것도 엄격하게 관리된 실험에서 증명되었으므로 세계의 모든 의학계가 관심을 보였다. 그것은 어떤 일정한 환경과 조건을 갖추게 되면 젊어질 수 있다는 것이다.

　1979년 하버드 대학에서 실시한 실험으로 20년 전에 알려진 사실이므로 그렇게 놀랄 일은 아니다. 젊음을 되돌리는 이 기적 같은 실험은 무엇인가? 시골에 실험 센터를 만들고 75세 이상의 건강한 노인들을 5일간 함께 지내게 했다. 이 실험 센터에는 20년 전의 잡지를 준비해 놓았고, 라디오에서도 20년 전의 음악이 흘러나오도록 했다. 참가한 노인도 20년 전의 생활로 되돌아갔다. 그 실험이 행해졌을 때 20년 전이면 참가한 노인들이 50대였던 때이다. 노인들은 50대 때의 옷을 입고 당시에 유행했던 노래를 들으며, 1959년대의 잡지를 읽었다. 20년 전에 하던 일을 하면서 50대의 기분으로 5일간을 보냈다.

　그 결과 노인들에게 믿기 어려운 변화가 일어났다. 실험 뒤에 세

살 정도 젊어졌다는 것이다. '겨우 세 살이야' 라고 해서는 안 된다. 의학적으로나 생리학적으로 보아 이것은 대단한 것이다. 약으로도 생겨나게 할 수 없는 변화가 온몸에 일어났다. 실험 전과 뒤의 사진을 다른 사람들에게 보여 주었더니, 실험 뒤의 사진이 훨씬 젊게 보인다고 했다.

정밀 검사를 해보았더니 관절을 움직일 수 있는 범위도 확대되었다. 운동 능력이 증대되어 손가락도 조금 길게 펴졌고, 앉은 키·체중·어깨 폭도 늘어났다. 노화로 분비되지 않던 성장 호르몬이 분비되었기 때문이다. 귀가 조금씩 들리게 되고 오른쪽 눈의 시력이 좋아지면서 기억력도 향상되었다. 생리학적으로 젊어졌으며, 생활 능력도 늘어났다. 실험 전에는 하지 않던 식사 준비와 설거지도 할 수 있게 되었다.

의사들은 겨우 5일 동안 20년 전의 환경과 심리로 되돌아간 것만으로 이렇게 몸이 젊어질 수 있다는 사실을 알고 놀랐다. 이 실험을 통해 기분만 바꿔도 젊어질 수 있다는 것을 알게 되었다.

늙었다고만 하지 말고 20년 전의 T셔츠와 바지를 트렁크에 넣고 휴양지에 가서 20년 전의 음악을 들으면서 옛날 잡지를 읽는다면 다시 젊어질 수 있지 않을까?

여성은 정말 대화를 좋아한다

　평일 점심 시간 때 이름난 레스토랑에 가보면 곳곳에 친구와 함께 나온 주부들을 볼 수 있다.

　교외 레스토랑에서 그런 주부들의 옆 자리에 앉았던 적이 있다. 결혼한 지 10년 정도 되는 주부들로 남편과 아이에 관한 이야기를 하느라 시간 가는 줄을 몰랐다.

　"우리 남편은 처음엔 운동삼아 골프를 시작하더니 이젠 휴일만 되면 꼭 필드에 나가고, 골프채도 몇 번이나 외제로 바꾸었는지 몰라요. 정말 골프광이 되어 버렸다니까요."

　"우리도 마찬가지라니까요. 휴일에는 낚시를 가버리니, 어디 과부가 따로 있나요? 가족 생각은 조금도 하지 않아요."

　"정말 우리 여자들은 취미 같은 건 즐길 여유조차도 없잖아요. 물건을 하나 살래도 가족들이 먼저 생각난다니까요."

　"정말 여자들은 손해가 많아요."

　남성과 여성은 즐기는 취미가 서로 다르다. 아이들이 무엇에 흥미를 갖고 있는지에 대해 조사한 연구가 있다. 그것에 따르면, 남자 아이는 어릴 때부터 물건에 흥미를 갖게 되고, 그것을 갖고 놀기를 좋아한다. 그러나 여자 아이는 사람에게 흥미를 갖고, 그들과 대화 나누기를 좋아한다. 곧 남자 아이는 장난감 놀이를 좋아하지만, 여자 아이는 주위 사람과 어울려 놀기를 좋아한다.

　대화가 여성의 취미라면, 남성은 물건을 모으고 그것을 만지작거리는 것이 취미다. 남성은 휴일이면 스포츠나 등산 아니면 컴퓨터 같은 기계를 다루며 여가 시간을 즐긴다. 그러나 여성은 친구들과 대화를 나누며 시간을 보낸다. 이력서의 취미란에 대화라고 적을 수는 없지만, 그것도 취미라면 취미다.

남성과 여성 사이에 이런 취미 차이가 있다는 것을 모르면 여성은 언제나 피해 의식만 갖게 된다.

여럿이 모여서 재잘거리고 있는 주부들은 자기들은 모르고 있지만 취미 생활에 몰두하고 있는 것이다.

"남녀간의 이런 취미 차이를 인정하고, 그 간격을 좁힐 방법을 생각해 내야겠어. 연애 시절에 같이 즐기던 것을 취미로 한다든가……." 그랬더니 아내가 "남녀가 함께할 수 있는 취미가 어디 있겠어요. 당신은 물건 만지는 것을 좋아하니, 나를 장난감으로 생각하면 어떻겠어요. 그렇게 되면 나도 대화를 즐길 수 있어 좋고, 일석이조 아니겠어요. 인권상의 문제가 있긴 하지만……"라고 말한다.

"그건 인권 이전의 문제야. 아내를 어떻게 장난감 취급하겠어. 장난감은 가질수록 자꾸 갖고 싶어지는 거야."

제2장

마음의 빗장을 열어라

사랑은 즐거운 착각

"나는 결혼하고 나서 내 눈을 의심할 수밖에 없었지. 그땐 어떻게 이런 사람에게 한눈에 반했을까." "친절한 성격이라고 생각했더니 기가 약해서 그랬던 것뿐이고, 눈이 언제나 반짝반짝 빛난다고 했더니 콘택트 렌즈 때문이었어. 나는 정말 눈에 별이 반짝이는 남성을 동경했는데, 정말 속았어."

한눈에 반한다는 것은 신비로운 감정에 사로잡혀 눈이 멀어지는 것을 말한다. 연애할 때는 눈에 띄지 않지만, 결혼하게 되면 사정이 달라진다. 너무나도 뜬구름 같은 마음에서 아무 결점도 보이지 않았지만, 냉정을 되찾으니 참모습이 보이기 시작한다.

연애의 메커니즘을 이성적으로 파악해 두어야 한다. 그렇다면 한눈에 반한다는 것은 무엇을 말하는 것인가?

상대를 보고 순간적으로 홀리는 것이 한눈에 반하는 것인데, 눈에 들어온 상대를 뇌가 지각하기까지는 겨우 0.04초에서 0.3초밖에 걸리지 않는다. 한 순간에 '바로 저 사람이야'라는 생각이 들게 된다. 그러나 그렇게 짧은 시간 동안에 상대가 배우자로서 적합한지 아닌지는 따져볼 수 없다. 그렇다면 어떻게 한 순간에 사랑에 빠지게 되는 것일까?

벽의 얼룩이 때로는 세계 지도로 보이거나, 인간의 얼굴로도 보일 때가 있다. 또 구름이 양처럼 보이고, 밤바람에 흔들거리는 버드나무가 유령처럼 보이기도 한다. 한눈에 반한다는 것도 이런 현상이다. 누구나 마음속에는 이성에 대한 이상적 이미지를 갖고 있는데, 그 이상적인 이미지를 바로 상대에게서 발견하게 되는 것이다.

콘택트 렌즈가 반짝거리는 것을 별나라 왕자님으로 착각한다. 사랑은 위대한 오해이며 즐거운 착각이다. 그래서 마음 속의 이성상에 가까운 사람을 만나면 그 사람에게 모든 이성상을 투영해 버린다. 상대의 용모뿐만 아니라 행동·성격까지 자기 이상으로 생각해 버린다. 다시 말하면 한눈에 반해 연애 중인 사람은 환상의 이미지와 데이트를 하고 있는 것이다. 분칠한 상대와 함께 가상 현실 세계에 사는 것이다.

그런 감정이 왜 오랫동안 계속되는가? 이상적 이성상과 맞는 사람을 만나면 '아, 바로 저 사람이야' 라고 가슴이 설렌다. 이렇게 갑자기 일어나는 감정이 뇌의 측두엽을 자극하여 쾌감을 불러일으키는 것이다. 그렇다면 연애 감정이라는 것은 뇌의 측두엽이 자극받아 일어나는 단순한 쾌감이란 말인가? 당신이 어떤 사람을 보고 쾌감을 느꼈다고 하자. 그 사람이 없으면 느끼지 못하지만, 생각이 나면 쾌감을 느끼고 만나면 더 큰 쾌감을 느낀다. 그것이 반복되면 그 사람이 존재하는 것만으로도 쾌감을 느끼게 된다. 그것이 바로 사랑이라는 감정이다.

　연인이란 쾌감을 일으키게 하는 사람이며, 사랑이란 쾌감에의 의존증(依存症)이라 할 수 있다. 그처럼 쾌감은 정신을 차리지 못하게 할 정도로 강한 것인가? 남학생 뇌의 측두엽에 전기 자극을 주어 강렬한 쾌감을 느끼게 하는 실험을 했다. 놀랍게도 학생들은 쾌감을 느낀 나머지 이 전기 자극을 준 실험 기술자에게까지 호감을 얻으려고 했다. 그리고 호감을 느낀 나머지 실험자에게 '좋아한다', '사랑해 줘'라고 애원하며 같은 남성인 실험자에게 사랑을 고백했다. 곧 쾌감을 주는 상대에게는 이성적으로 따지지 않고 순간적으로 말려든다. 상대가 결혼한 뒤에 마치 사람이 변한 것 같다고 한탄하지만, 처음부터 자기 이상의 이미지가 상대인 것으로 착각한 것이므로 어쩔 수가 없다. 서로 잘못 보았던 것이다. 결혼과 함께 연인에게 가졌던 환상이 사라지고 현재의 모습 그대로 보이게 된다. 애인의 정체가 결혼 뒤에는 평범한 남성으로 바뀐다. 이 환멸에서 탈출하기 위해 어떻게 해야 할까?

연애할 때 가졌던 환상이 사라지는 순간부터 진짜 사랑이 시작된다. 앞으로 이해하고 사랑해야 할 부분을 그 때부터 상대에게서 발견해 가는 것이다. 그렇게 하면 마음속의 이상적인 이성상이 현실의 배우자로 바뀌게 된다. 그것이 성장이라는 것이다.

사랑은 신에게서 받은 은총이 아니라, 두 사람이 만들어내는 작품이다. 그렇게 되기 위해서는 현실을 유연하게 보고, 상대에게서 이제까지 몰랐던 쾌감과 즐거움을 찾아내야 한다. 바로 거기에서 상대에 대한 사랑이 자라게 된다. 그렇지 않으면 다른 곳에 더 이상적인 이성이 있을 거라고 믿게 되어 이혼과 결혼을 반복하게 된다. 이상적 배우자라는 환상을 쫓는 사람은 자기 마음속의 유령에게 사로잡히고 만다.

마음속의 이성상에 사로잡힌 여성은 "당신이야말로 내 이상형의 남성이에요"라고 말한다. 그 말을 들은 남성은 솔직하게 말한다. "아니야, 자기가 보고 있는 것은 정말 내가 아니야. 나의 환상이야." "당신이 환상의 존재라는 말이에요?" "솔직히 말하면 그래. 자기 마음속에 살아 있는 이성에 대한 환상이 지금의 나야." "진짜 당신은 따로 있다는 말이에요?" "지금은 그래." "그러면 당신은 누구죠?" "나는 자기 마음속의 이성상을 비춰 주는 거울에 지나지 않아." "그렇다면 우린 결혼은 못하겠군요."

이렇듯 자기 마음속의 이성상에 사로잡혀 있는 사람과의 대화는 그리 기분 좋은 일이 아니다. 마음속의 환상이 깨질 때 비로소 상대의 진실한 모습을 볼 수 있는 것이다.

사랑에 빠진 사람은 마약 중독자

"가슴이 설레던 느낌이 없어졌어"라고 결혼 1년째인 아내가 고개를 젓는다. 연애할 때의 황홀하던 기분이 결혼 뒤에는 어디론지 싹 사라지고 만 것이다. "그렇다고 해서 그이를 사랑하지 않는 것은 아니지만……"라고 말하며 자기로서도 도저히 이해할 수 없는 감정 변화에 당황해한다. 이것이 바로 '권태기'다.

어째서 결혼만 하면 가슴 설렘이 없어지는가? 한 마디로 말하면, 연애할 때와 결혼하고 난 뒤에는 사랑의 감정이 바뀌어 버린다. 연애할 때는 흥분 상태의 사랑을 하지만, 결혼한 뒤부터는 사랑이 조용한 애착으로 바뀌어 버린다. 왜 이런 변화가 일어나는가? 이렇게 사랑의 감정이 변화하는 것은 따지고 보면 뇌 속의 화학 상태가 변하기 때문이다.

예를 들면 천천히 달리기를 계속하면 뇌 속에서 엔돌핀이라는 마약이 분비되어 쾌감과 황홀감을 느끼게 된다. 곧 뇌 속에서 자연스럽게 분비되는 마약으로 통증이 없어진다든지 황홀감을 느끼게 된다. 연애 감정을 느끼는 것 또한 뇌 속에서 마약이 분비되기 때문이다.

연애할 때의 감정과 결혼한 뒤에 느끼는 사랑의 감정에는 뇌에서 분비되는 두 가지 종류의 마약이 관계하는데, 그것이 매료와 애착이라는 감정을 낳는다. 사랑을 하게 되면 뇌에서 안페타민과 같은 물질이 분비된다. 안페타민이라는 것은 각성제로, 어지러운 듯한 흥분 상태를 만든다. 애인을 만나거나 애인 생각만 해도, 이 물질이 분비된다.

애인을 상상하는 것만으로도 어지러움을 느끼는 것은 애인의 신비스런 매력 때문이라기보다 뇌 속에서 분비되는 마약 때문이다.

당신의 체험을 돌이켜 보라. 연애할 때는 정력과 활동이 넘쳐 식사를 하지 않아도 배고프지 않고, 잠을 자지 않아도 졸리지가 않다. 세상이 온통 나를 위해 생동하는 것같이 느껴진다. 이것은 마치 마약을 사용했을 때와 같은 상태다.

사랑만 있으면 전혀 두려울 게 없다는 연인들의 대담한 발언은 마약 중독자가 횡설수설하는 것과 같다. 애인을 만나면 쾌감을 느끼지만, 헤어지면 또다시 만나고 싶어 마음이 괴로워진다.

애인과 헤어지면 뇌 속에서 마약 분비가 중단되어 금단 증상에 시달리게 된다. 그것을 치유하기 위해서는 다시 새로운 만남을 가질 수밖에 없다. 만나야 다시 뇌 속의 마약이 분비되기 때문이다. 오래 연애를 한다든지 결혼하게 되면, 뇌 속에서 마약의 분비가 중단된다. 따라서 같은 상대인데도 현기증이 날 듯한 흥분은 사라진다.

왜냐하면 여러 약물은 내성을 갖고 있어 일정한 약물을 오래 사용하면 몸이 그 약물에 익숙해져 효과가 줄어들기 때문이다. 뇌 속의 마약도 장기간 분비되면 그 효과가 줄어든다. 가슴 설렘이 사라지고 난 뒤에는 함께 있으면 마음이 편한 상태가 된다. 바로 애착이 생긴 상태다. 그것은 뇌 속의 마약이 필로폰에서 엔돌핀이라는 마취제와 비슷한 물질로 대체되기 때문이다.

이것이 신혼 초의 젊은 아내가 한탄하는 '사랑하지만 가슴 설렘이 없는' 상태의 원인이 된다. 뇌에서 분비되는 각성제의 사랑은 끝나고 마취제의 사랑이 시작되는 것이다.

엔돌핀은 현재 사용되고 있는 진통제의 100배나 효과가 있는 물질로서 이것이 뇌 속에서 분비되면서 마음이 편안해지는 것이다. 물론 상대가 없으면 엔돌핀이 분비되지 않아 그 금단 증상으로 괴로워진다. 그것이 애착이라는 감정이다.

왜 이렇게 뇌에서 분비되는 마약의 종류가 바뀌는가? 연애 초기

처럼 계속 흥분만 하게 되면 마음과 몸이 금방 지쳐 버린다. 또한 엔돌핀에 의한 마음의 안정이 애정을 유지하는 데 더 안전하다. 그래서 뇌에서 분비되는 각성제가 마취제인 엔돌핀으로 대체되는 것이다.

인간의 뇌는 솜씨 좋은 약제사다. 사랑을 달콤한 것으로만 봐서는 안 된다. 사랑 때문에 인생을 파탄으로 이끄는 비극은 많다. 그렇다면 사랑에 차가운 과학의 메스를 대고 해부한다면 어떤 이점이 있는가?

예를 들면 실연의 슬픔과 고통은 각성제가 분비되지 않아 생기는 금단 증상이므로 이를 극복하기 위해서는 상대를 다시 찾으면 된다. 그것은 가장 쉽게 실연의 아픔에서 벗어나게 해준다. 실연을 당한다는 것은 자기에게도 결점이 있다는 것이므로 그것을 반성의 기회로 하여 인간성을 연마하는 계기로 삼아야 한다. 그래서 더더욱 마음이 괴로워진다.

그러므로 과거를 반성하면서 마음이 설레는 즐거운 일을 찾아내면 다시 각성제가 분비되어 실연의 아픔을 잊을 수가 있다. 그것이 계속해서 반복되면 상대에 대한 아픈 추억이 차츰 사라지고 다시 일어설 수 있게 된다.

술을 마시면 일시적으로나마 실연의 아픔이 사라질 수도 있다. 그러나 뇌에서 분비되는 각성제의 효과가 더 크고 중독될 위험도 없다. 실연의 아픔에서 다시 일어서게 하기 위해서는 친구나 주위 사람이 큰 힘이 되어야 한다. 실연한 사람에게 마음 맞는 상대를 소개시켜 주어 뇌에서 각성제가 다시 분비될 수 있도록 도와 주어야 한다.

남편은 배신자

　"왜 남성은 결혼만 하면 그렇게 변하는 건가요"라고 중년의 이 여사가 한탄한다. 같은 남성과 두 번 결혼하고 두 번 이혼했다는 그녀는 "지금도 도저히 이해할 수 없어요. 완전히 사람이 변해 버렸다니까요"라고 실망한 표정으로 과거를 회상한다.

　미식가인 이 여사가 젊은 시절 데이트를 즐겼던 곳은 요리가 맛있다고 소문난 레스토랑이었다. 특히 두 사람이 좋아했던 것은 닭요리였다. 기분 좋은 일이 있는 날에는 로스트 치킨을 먹으며 데이트하고, 크리스마스에는 칠면조를 먹었다. 그녀는 결혼 뒤 처음 맞는 크리스마스 날 칠면조 요리를 맛있게 해서 식탁에 올렸다. 그러나 남편은 칠면조를 앞에 둔 채 먹을 생각조차 하지 않았다.

　"왜 안 먹어요? 배가 아파요?" "나, 칠면조는 싫어해. 보기만 해도 닭살이 돋아." "왜요? 예전에는 그렇게 맛있게 닭고기를 먹더니만." "그거야 자기가 좋아서." 그 때는 '억지 춘향'이었다는 것이다. 이 여사는 결혼만 하면 바뀌어 버리는 남편에게 고개를 설레

설레 저었다.

이런 극단적인 경우 말고도 "결혼 전의 약속과는 전혀 다르잖아요!"라고 남편을 원망하는 아내가 많다. 연애할 때 남성이 한 말을 갖고 나무란다는 것은 별 의미가 없다.

왜냐하면 연애할 때 남성의 심리 상태는 분열병 환자와 비슷하다고 할 수 있기 때문이다. 심리학자인 싱어(J. L. Singer)는, '분열병 환자는 자기 자신에 관한 상상과 언어 커뮤니케이션 패턴을 통제할 수 있는 능력이 모자란다고 설명하고 있다. 다시 말하면 분열병 환자는 머릿속에 계속 떠오르는 공상과 망상을 그대로 말로 표현한다든지, 빙글빙글 웃는다든지 슬픈 표정을 지어 처리한다. 이것이 정상적인 사람과는 다른 점이다. 정상적인 사람은 머릿속으로는 연상이 되도 그것을 말이나 표정으로 나타내는 것을 억제할 수 있지만 분열병 환자는 그럴 수가 없다.

한창 연애에 빠져 있는 남성은 분열병 환자와 비슷한 상태가 된다. 직장에서 근무 중인데도 머릿속에는 애인 생각으로 일에 집중하지 못한다. 과장이 "지난번의 그 새로운 기획 말인데"라고 말을 꺼내도 연애 중인 남성은 "네. 알았습니다"라고 대답은 하지만, '새로운 기획'이라는 말에 애인과 스키 여행을 가기로 한 것을 연상하며 빙긋 웃어 과장을 의아하게 만든다.

과장이 떨떠름한 표정으로 "부장님으로부터 여러 가지 지적이 있었어"라고 말해도 머릿속에는 온통 스키장에서 애인과 함께 있는 모습만 아물거린다. 과장의 지적은 귀담아듣지 않고 흘려 버린다. 기획에 대한 과장의 지적과 스키 여행의 계획이 뒤죽박죽되어, "부장님이 무엇이라고 말씀하셔도 2박 3일간의 계획이므로……"

라고 엉뚱한 말만 한다. 이 때의 심리 상태는 말이 잘 통하지 않는 분열병 환자와 비슷하다.

싱어는 보통 사람도 연애할 때 분열병 환자와 똑같은 체험을 하게 된다고 말한다. 그것은 일종의 발광 상태와 같다. 애인과 함께 있을 때도 머릿속은 온통 즐거운 상상만 하는 몽유 상태에 빠져 장래의 꿈 이야기만 한다.

"일주일에 한 번은 낭만적인 곳에서 식사를 하자. 일요일에는 함께 테니스를 하며 땀을 흘리자. 바닷가 아파트에 사는 게 좋겠지"라며 그칠 줄을 모른다. 여성도 그 말에 동조되어 남성의 말을 거든다. "아파트의 방 커튼은 꼭 핑크 색으로 할거야. 소파도 핑크 색으로 하고, 해변의 레스토랑에서 식사하고 돌아와서는 핑크 색 소파에 앉아 둘이서 차를 마시며 음악을 들어요." 이렇게 꿈 이야기를 하면서 둘은 환상적 세계로 푹 빠져든다.

그러나 일단 결혼만 하게 되면 남편은 일과 교제에 빠져 외식을 하는 경우는 거의 없고 한밤중이 되서야 겨우 집에 들어오는 때가 많다. 일요일에는 테니스 코트가 아닌 집에서 빈둥거리기만 한다. 바닷가에 있는 아파트도 아닌 공장 가까이 있는 아파트에서 말이다. 참지 못한 아내는 남편에게 불평을 늘어놓기 시작한다. "거짓말쟁이, 배신자!" 연애할 때 자기도 남편의 망상에 불을 지폈던 것은 잊어버리고 남편에 대한 원망만으로 가득하다.

이렇듯 연애에 빠져 있는 남성은 대부분 분열병 환자와 같은 상태, 곧 심신 상실 상태에 있기 때문에 책임 능력도 없다는 것을 잊어서는 안 된다.

결혼은 부부가 함께 만드는
시나리오

"그 사람과는 4년째 사귀고 있지만, 결혼할 결심이 선뜻 생기지 않아요. 그 사람이 사는 곳은 지방 도시여서 결혼 생활에는 적합하지 않을 것 같아요"라고 한 여성이 말한다.

그녀가 사귀고 있다는 그 사람은 그녀와 결혼하기를 4년 동안 손꼽아 기다려 왔다. "이상적 결혼 생활의 이미지가 아니라고 하지만, 서로 사랑만 한다면 그런 것이 문제가 되겠어요?"라고 말한다. 이런 커플의 경우는 어떻게 하면 좋을까? 도대체 누구의 의견이 옳은가?

둘 다 틀렸다. 여성은 이상적 결혼 생활이라는 공상만을 갖고 있어서, 그것을 버리지 않는 한 행복해질 수 없다. 결혼 생활은 백지 상태에서 둘이서 시나리오를 쓸 준비가 되어 있어야 한다. 결혼도 하기 전에 결혼 생활에 대해 너무 낭만적인 시나리오를 쓰면 이상과 크게 다른 현실에 실망하게 될 뿐만 아니라, 무리하게 맞추려다 부부 사이에 마찰만 생기게 된다.

텔레비전이나 잡지의 상품 광고에 나오는 로맨틱한 결혼 생활의 이미지는 일종의 광신적인 이데올로기와도 같은 것이다. 잡지는 많이 팔리면 좋고, 텔레비전 프로그램은 시청률이 오르면 좋다. 그래서 차츰 현실과 동떨어진 연애나 결혼 생활의 이미지가 그 속에 범람한다. 그런 것을 이상으로 여기면 현실 생활에 언제나 불만을 갖게 된다.

남성의 '사랑만 있으면 문제가 없다' 라는 말도 잘못된 것이다. 연애 중일 때의 사랑은 결혼한 뒤의 사랑과 전혀 달라서 쉽게 믿기 어렵다. 연애할 때의 사랑은 변하기 쉬워 오래 유지될 수 없으며, 결혼 뒤의 사랑과는 다르다. 그래서 연애할 때는 그렇게 뜨겁던 커플이 결혼에 실패할 수도 있고, 맞선으로 맺어진 타인끼리가 뜨거운 정으로 맺어질 수도 있다. 그러므로 애정을 고집하는 결혼보다는 백지 상태에서 차차 서로의 애정을 키워 나가는 것이 오히려 나을 수가 있다. 결혼할까 말까 하고 고민할 때 반드시 고려해야 할 것은 애정의 척도나 결혼 생활의 스타일이 아닌 상대의 인격이다.

이런 질문을 받는다면 당신은 어떻게 대답할 것인가?

바람직하다고 생각되는 조건을 모두 갖춘 이성이 있다면, 사랑하지 않아도 결혼할 것인가?

남성은 아무리 좋아하는 타입이라도 "사랑이 없으면 안 된다" 라는 로맨틱한 대답을 한다. 곧 이 질문에 남성의 60%는 "사랑이 없으면 안 된다" 라고 대답했다. 그러나 여성의 경우 그렇게 대답한 사람은 30%에 지나지 않았다. 나머지 70%의 여성은 "내가 바라는 조건을 모두 갖추고 있다면 설사 사랑하지 않는다 하더라도 살아가는 동안 사랑할 수 있다"라고 대답했다. 곧 결혼에 대해서는 여성이 더 현실적인데, 여성의 이런 면이 남성들에게는 타산적으로 보여질 수가 있다.

오스트레일리아의 원주민 아보리진(Aborizine)은 전통적으로 애정과 관계없이 결혼하게 되는데, 인류학적 조사에 따르면 대부분의 아보리진 여성은 정신적으로 극히 안정된 결혼 생활을 하는 것으로 판명되고 있다. 자유 선택의 여지가 없는 결혼이라도 충분히 행복해질 수 있다는 것이다. 그 비결은 어디에 있는가?

일단 결혼하면 상대에 구애받지 않고 만족한 결혼 생활을 하는 아보리진의 여성들을 통해 진정한 사랑에 대한 해답을 얻을 수 있다. 결혼에 대해 지나친 기대나 선입견을 갖기보다는 결혼 상대를 신뢰하며 성실하게 생활한다면 자연히 행복해질 수 있을 것이다.

미국의 결혼 문제 전문가인 리델러는 이렇게 말한다.

"사랑이 좋은 관계를 만들어내는 것이 아니라, 좋은 관계가 사랑을 만들어낸다."

어린 남성과의 결혼은
실패하기 쉽다

10대에 결혼한 어느 신부가 이렇게 후회했다. "결혼하면 생활이 즐거울 거라 생각했더니 전혀 그렇지 않아요. 춤추러 갈 수도 없고, 아이는 시끄럽고, 남편도 결혼 뒤에는 잔소리가 많아졌고, 자기만 생각해요. 결혼 전보다 더 힘들어요. 결혼을 하면 여자는 손해를 본다니까요."

다음은 어느 정도 교육을 받은 여성의 이혼 사유를 들어본다.

"결혼에 환멸을 느꼈습니다. 낭만이 있으리라 생각했습니다. 그런데 여성은 육아와 가사에만 매달리게 되고, 남편은 전혀 도와 주지 않고, 나를 이해하려고도 하지 않습니다. 독신인 것이 훨씬 자기 성장에 도움이 된다는 것을 알고 이혼하기로 마음먹었습니다." 이 두 여성은 똑같은 말을 하고 있다.

오늘날 사람들 사이에는 교양의 차이는 있어도 결혼이라든가 인생에 대한 지식에는 차이가 없다. 옛날 양반집 자제는 결혼하기 전에 엄격한 교육과 수양을 쌓아야 했다. 곧 남성에게는 자기 몫을 다해 내는 자질을 갖추는 것이 결혼의 조건이었다. 자기 몫을 다해 내기 위한 조건이란 남의 힘을 빌리지 않고 혼자서 일을 해낼 수 있는 것이다. 무엇보다도 예의를 지키고, 품행이 바르고, 다툼 없이 다른 사람과 사귀어 가는 조화스러운 인간이어야 한다.

이런 것들을 갖추지 못하면 자기 몫을 다해 낸다고 할 수 없어 결혼도 미루어졌다. 다시 말하면 결혼하기 위해서는 성인 남성으로서의 인격적인 성장이 필요했다.

여성의 경우는 어땠는가? 가사를 꾸려 가고, 상냥하고 마음씨가 좋아야 했다. 또 알뜰하고 결단력 있으며 사려가 깊어야 했다. 이런 조건을 갖춘 여성이라면 가사를 잘 꾸려 가고, 여가나 이상을 추구할 여유를 만들어낼 수 있다. 곧 바쁜 가사를 잘 꾸려 가면서 즐거움을 만들어내는 창조성을 충분히 발휘할 수 있다. 이것이 결혼을 앞둔 양반집 규수가 갖춰야 할 조건이었다.

남자는 고매한 사람의 가르침에서 인격을 연마했고, 여자는 뼈대 있는 가정의 안주인으로부터 품성을 닦았다. 이런 교육은 학교 교육이 시작되면서 소멸되어 버렸다. 현대인의 결혼은 옛날로 말하자면 제 몫을 다해 내지 못하는 사람끼리의 결합이다. 그런데도 제 몫을 다해 낼 수 있다고 기대하기 때문에 결혼에 실패하는 커플이 많다.

그러면 제 몫을 다해 내는 결혼이란 어떤 것인가? 결혼 생활에 대해 명확한 이상과 가치를 갖는 것이다. 예전에는 결혼하기 위해 남자나 여자 모두 수업을 받았고, 하나의 이상을 실현하기 위해 남편과 아내가 지혜를 모아 가정을 영위했다. 이상을 갖고 있었으므로, 괴로움 가운데서도 즐거움을 찾아낼 줄 알았다.

옛날 사람들이 결혼에 대해 가졌던 이상과 가치는 가계의 전통을 지키는 것이었으므로 현대에는 통용되기 어렵다. 따라서 현대인들에게는 이상과 가치를 발견하는 능력부터 요구된다. 부부가 새로운 가치를 발견할 능력이 없으면 불만이 더 커지게 된다. 곧 어떤 인생을 보낼 것이냐 하는 이상도 만들어내지 못한다.

학교의 기준치와는 다른, 행복을 위한 기준치와 재능이 필요하다. 그것을 잊고 부부가 각자 자기 몫만 다하면 된다고 생각하고, 부부 싸움을 해도 서로 양보나 반성을 하지 않는다. 결혼에 실패하는 원인은 여러 가지가 있겠지만, 가장 확실한 것은 미숙한 결혼 때문이다.

여러 연구에서 일치하는 것은 어려서 결혼하면 실패할 확률이 높다는 사실이다. 특히 남편의 연령이 중요한데, 18세에 결혼한 남성은 24세에 결혼한 남성보다 세 배나 이혼할 가능성이 높다. 남편이 미성숙하면 결혼 생활이 파경에 이를 확률이 더 높다.

결혼의 성공 키를 쥐고 있는 것은 남성의 인격이다. 남편이 미성숙하고 강제적, 위압적이고, 비타협적이면 이혼 확률이 높아진다. 행복한 부부를 살펴보면 대부분 남편이 타협적인 사람이다.

유연한 두뇌와 성격을 가진 남성이야말로 행복의 기준치가 높은 인생의 엘리트다. 독신 남녀가 가정과 현실에 불만을 느끼고 결혼 생활을 통해 문제를 해결하고자 한다면 반드시 실패하게 된다. 결혼은 도피의 장이 아니라, 협력의 장이기 때문이다.

여성은 왜 결혼에 대한 기대가 클까?

불평 불만을 호소하는 아내로부터 시달림을 받고 있는 남성이 많다. '여자는 손해다', '외출도 제대로 할 수 없다'라는 자기 처지에 대한 불평에서부터, '귀가 시간을 지키지 않는다', '화장실에서 신문을 읽지 마라', '웃옷을 벗고 집안을 돌아다니지 마라'에 이르기까지 아내의 잔소리는 끝이 없다.

아내는 남편의 모든 것이 마음에 들지 않는 것처럼 말한다. 그렇다고 해서 남편은 '남자는 손해다', '잔업이 있어도 마음 놓고 늦게 올 수도 없다'라고 말하지는 않는다. 물론 불평을 말하고 싶은 남성도 있겠지만, 남성은 대체로 입 밖으로는 표현하지 않는다.

결혼 생활에서 남편보다 아내가 더 불만을 많이 가지며, 아내 쪽이 결혼의 만족도가 낮다. 미국의 경우 결혼 생활에 만족하는 남성은 37% 정도지만, 여성은 겨우 23%라는 조사 보고가 있다. 결혼 생활에 불만을 가진 여성이 10명 중 8명에 가깝다는 것이다. 그러나 결혼 생활에 만족한다고 대답한 남성은 3명에 1명꼴이라는 것이다. 이처럼 아내는 결혼 생활에 불만을 갖기 쉬우나 남편은 대체로 만족한다.

왜 그런 차이가 생길까? 원인은 결혼에 대한 남녀의 기대차에 있다. 여성은 결혼 생활에 대해 지나친 로맨스를 기대하는데, 현실적이고 실제적인 여성이 그런 생각을 갖는 것은 정말 의외다. 여성은 결혼에 대한 결단을 내리기 전에는 현실적이고 계산적으로 상대의 성격과 경제적인 안전성을 꼼꼼하게 따진다. 결혼도 투자이므로 상당히 신중하다.

그러나 일단 결혼하게 되면 투자 배당을 요구한다. 남편과의 로맨틱한 생활을 기대하고 요구한다. 아내가 결혼이라는 투자에서 남편에게 요구하는 것은 월급 봉투만이 아니다. 하지만 남성은 결혼을 하게 되면 로맨스 같은 것에는 관심이 없다. 남성은 연애 때는 뇌에서 분비되는 각성제의 영향으로 흥분되어 있는 상태이므로 여러 가지 로맨틱한 공약을 마구 늘어놓는다. 그러나 그런 것들을 모두 실천으로 옮기기는 어려운 일이다. 남성은 결혼하면 백마를 탄 왕자님에서 남편으로 바뀐다.

그러나 여성은 남편을 계속 백마를 탄 왕자님으로 본다. 연애 때는 그렇게 꿈과 낭만을 말하던 청년이 남편이 되니까 평범한 아저씨로 바뀌어 버린 것이다. 그래서 아내는 로맨틱한 것을 요구하는 것이다. '결혼 전에는 그렇게 친절하더니만' 하는 투정에 '잡힌 고기에 미끼를 주는 것 봤어?' 라고 대답하는 남편이 이젠 불량 채권처럼 보이게 된다. 결혼으로 백마 탄 왕자님에서 물러나게 된 남편은 아내에게 더 이상 로맨스를 제공할 기력도 남아 있지 않다. 남성은 연애할 때 이미 애인에게 정력과 시간을 모두 바쳐 버렸다.

너무 무리를 한 것이다. 이런 사실을 아내는 모른다.

남성은 결혼을 하게 되면 아내를 어머니로 잘못 생각한다. 타인인 한 여성이 자기를 헌신적으로 보살펴 주는 것을 당연하게 여겨 로맨틱한 꿈 같은 것은 생각지도 않는다. 그러나 아내는 결혼 생활은 즐거워야 한다는 환상을 갖고 있다.

아내가 가계부를 적으면서 한숨 섞인 목소리로 "이번 달에도 적자……." 그러고는 말이 없다. 그 침묵에 가위눌린 남편은 아내의 기분을 풀려고 애교를 떤다. 그러나 긁어 부스럼이다. 화제는 자연스럽게 다시 가계부로 넘어간다. "주택 융자금, 자동차 할부금 게다가 금년에는 작은 아이가 입학하지요. 이래저래 적자는 줄어들지 않고……." 이런 말을 들으면 남편으로서는 괴롭다. 무리하여 집과 자동차를 장만한 것이 잘못이었다. 장만하기 전에는 어떻게 되겠지 생각했는데 막상 장만하고 나니까 절약이라는 것이 그렇게 쉬운 것이 아니었다.

스트레스를 해소하려고 또 물건을 사온 남편에게 아내는 "그런 건 또 왜 샀어요. 절약 좀 해봐요"라며 애가 타서 말한다. 서로에게 상처 주는 말이 오고 감으로써 부부 사이에 틈이 생기게 된다. 부부 사이에 금이 가는 이유는 여러 가지가 있지만 금전 문제가 원인이 되는 경우가 많다.

집도 갖고 싶고 자동차도 갖고 싶다. 그러나 집을 갖게 되면 만족할 것 같지만, 그 다음에는 더 크고 좋은 집과 외제차를 갖고 싶어진다. 욕망은 점점 커져 결국은 돈이 더 필요해진다. 따분함과 불만, 괴로움이 모두 돈으로 해결될 것 같은 생각이 들고 자신도 모르게 금전 중독이 되어 간다. 부부 문제도 돈이면 모두 해결되고 밝은 가정을 꾸려 나갈 수 있을 것 같은 착각이 든다.

그것은 환각에 지나지 않는다. 물론 결혼 생활에 돈은 중요하다. 그러나 돈만으로 행복해질 수는 없다. "그런 건 나도 알아요!"라고 아내가 가계부에서 얼굴을 들면서, "행복을 돈으로 사려고는 하지 않아요. 다만 조급해지는 마음을 위로받고 싶어서……"라고 말한다. 그러나 중독이 되어도 좋으니 돈을 실컷 가져 봤으면 하는 것이 아내의 진정한 마음일 것이다.

인생이란 그렇게 즐거운 것만도 아니다. 즐거움은 남편에게서 주어지는 것이 아니라 스스로 찾아 만들려고 할 때 느낄 수 있는 것이다.

초논리를 구사하는 여성의 말솜씨

　어떤 잡지사의 편집장이 이런 말을 하는 것을 들은 적이 있다. "대학에서 아주 우수한 학생을 신입 사원으로 추천해 준다고 해서 기대하고 있었지. 갓 졸업한 여성인데 정말 말솜씨가 뛰어났어. 취재를 시켰더니 정말 놀랄 정도로 다각적으로 취재해 왔어. 그러나 문제는 막상 원고를 정리할 때가 되면 당황하는 거야. 논리에 일관성이 없어 갈팡질팡이야. 여성은 정말 비논리적인가 봐."

　그런 일은 가정에서도 마찬가지다. 평소에는 잘도 재잘대는 아내가 신문에 뭔가 투고하기 위해 원고를 쓸 때는 원고를 잘 마무리하지 못한다. 여성은 부부 싸움을 할 때도 남편의 결점을 이것저것 따지듯이 말하지만, 논리에 일관성이 없다. '냉혈 동물', '알코올 중독자', '폭력배' 등 아내의 입에서는 계속 험담이 튀어나오지만, 마무리하는 논리가 부족하다.

　그 이유는 여성이 언어 능력이 뛰어나기 때문이다. 비논리적이라면서 언어 능력이 뛰어나다니 도대체 무슨 말인가? 그것은 여성이 언어를 대뇌의 좌측과 우측에서 동시에 처리하기 때문이다. 이에 비해 남성은 언어를 대뇌의 좌측에서만 처리한다. 좌측은 논리를 지배하는 부분이므로 논리를 따져 말하게 된다. 물론 여성도 언어를 좌뇌로 처리하긴 하지만, 동시에 우뇌를 사용하여 처리한다. 우측은 감정적이고 공간적인 처리를 담당하는 뇌이므로 여성의 언어에는 정서적 · 직감적인 것이 포함되어 있다.

곧 남성은 논리적으로만 말을 하지만, 여성은 머릿속에서 감정을 더하여 말을 생각한다. 여성의 말은 논리를 초월한 논리로서, 소위 초논리(超論理)가 된다. 남성의 언어는 논리적이지만 단순화되기 쉽다. 곧 문장을 정리하는 데는 뛰어나지만, 여성처럼 다각적이고 섬세하게 생각할 수는 없다. 따라서 여성의 언어 능력은 남성의 세 배에 달한다.

남성이 논리적이라는 것은 남성은 단순하고 확실한 논리로 생각하나, 여성은 복잡하고 정밀한 논리로 생각하기 때문이다. 왜 그런 차이가 생기는 것일까? 여성은 언어를 다른 사람과 의사 소통하기 위해 사용하나, 남성은 사물을 분석하고 생각하기 위해 사용한다.

다음과 같은 체험은 남성이라면 누구에게나 있을 것이다. 한밤중에 택시를 타고 고속 도로를 달려 집으로 돌아올 경우 남성은 집이 가까워 올수록 마음이 더욱 무거워진다. 회사 일이 끝나고 상사에게 이끌려 한잔하니 어느 새 막차도 끊겼다. 취한 눈으로 시계를 보니 새벽 2시를 넘고 있다. 택시 미터는 만 원이 훨씬 넘고 있다.

더해지는 불안을 억제하고 아무렇지도 않은 듯 현관 문을 연다. 아내는 이미 잠들어 있는 모양이다. 살며시 옷을 갈아입고 침실에 들어간다. 바로 그 때 아내로부터 날벼락이 떨어졌다. "지금 몇 시인지나 알아요?" 새벽 2시라는 것은 시계를 보면 안다. 그래도 아내에게서는 상당히 비논리적이고 감정적인 말이 튀어나온다. 지금까지 갖고 있던 아내에 대한 사죄의 마음은 어느 새 사라져 버린다. 이런 말이 나오는 것은 여성이 언어를 좌우 뇌로 처리하기 때문이다. 곧 "지금 몇 시인지나 알아요?"라는 아내의 말은 단순히 남편에게 시간을 확인시키자는 것은 아니다.

여성의 말은 대뇌의 감정을 지배하는 우측을 통과하므로 복잡한 감정과 의미가 그 속에 포함된다. 그것을 풀어서 얘기하면 다음과 같다. "지금 몇 시인지 알아요? 사고라도 당했는지 걱정했잖아요. 전화라도 해주지 그랬어요." "지금 몇 시인지 알아요? 이렇게 늦게 들어오면 내일 일에 지장이 있잖아요." "지금 몇 시인지 알아요? 친구와 술 마시는 것도 중요하지만 이렇게 많이 마시면 몸이 상하잖아요." "지금 몇 시인지 알아요? 막차가 끊겨 택시로 온 모양인데 조금은 집안 경제 사정도 생각해야 되잖아요."

이 잔소리에는 남편을 걱정하는 말과 의미가 복잡하게 얽혀 있다. 이런 말은 '알고 있으니 그만해' 라는 식으로 남편을 벌컥 화나게 만든다. 남성은 여성의 언어를 단순히 표면의 의미만으로 받아들이지만, 대뇌의 좌우로 언어를 처리하는 여성의 말에는 감정도 포함되어 있어 그 의미가 복잡하다. 원래 이 세상은 논리로만 되어 있는 것이 아니므로 남성은 여성의 초논리적인 말에 귀를 기울일 줄도 알아야 한다. '쓴맛 단맛 다 봤다는 남성' 이란 여성의 그런 초논리를 모두 파악하고 있는 남성인지도 모른다.

남편이 아내의 눈치를 살피며 살아가야 할 때

"엄마, 우리 집에서 제일 높은 사람은 누구야?"라고 일곱 살 난 딸아이가 어머니에게 묻는다. 어머니는 약간 비아냥거리는 말투로 "물론 아버지지"라고 말한다. 거의 농담이라는 듯한 표정이다. 그런 광경을 되새기며 친구는 "생각해 보면 지금 우리 남자들이란 월급쟁이 사장에 불과해. 지금은 힘으로 권위와 권력을 발휘할 시대는 지났어. 그렇다면 정말로 남성이 설 자리는 어디란 말인가……"라고 탄식한다. 친구의 말처럼 아버지의 권위와 권력이 요즘 가정에서 많이 떨어진 것은 사실이다.

요즘 시대는 힘을 쓰는 일은 그렇게 많지 않다. 있다 하더라도 여성도 힘을 쓰는 일을 해낼 수 있다. 그렇다면 남성이 뛰어난 능력을 발휘할 수 있는 것은 무엇인가?

「미네소타 사무직원 테스트(Minnesota Clerical Ability Test)」라는 사무 능력을 재는 테스트가 있다. 단어나 숫자가 빽빽이 쓰여 있는 표에서 비슷한 언어나 숫자를 체크해서 샐러리맨에게 필요한 능력을 조사하는 테스트다.

이 테스트 결과 여성의 평균 득점을 능가하는 남성은 16%에 지나지 않았다. 사무 능력에서도 남성은 여성에게 뒤떨어진다. 복잡한 상황에서의 반응도 여성이 훨씬 뛰어나다.

예를 들면 쇼핑 계산서가 틀린 것을 발견해 내는 것은 아내 쪽이다. 남성은 쇼핑한 물건에만 정신이 쏠려 계산서를 볼 여유조차 없다. 가계부를 쓰는 주부는 많지만 일기를 쓰는 남편은 거의 없다. 복잡한 현대 생활을 살아가는 능력은 남성이 뒤떨어지는지도 모른다.

그러면 예술적 능력은 어떤가? 색채를 식별하는 능력은 압도적으로 여성이 뛰어나다. 형태를 포함하는 심미적 반응 테스트에서도 여성이 훨씬 좋은 성적을 거둔다. 그림을 그리게 하면 섬세한 부분은 여성이 더 잘 그리는데, 그것은 여성이 환경에 더 민감하다는 것을 나타낸다. 독신 시절에 구입한 남편의 의복은 모두 아내에게 조소를 받는다. 남편이 혼자서 넥타이를 사오기라도 하면 3년 동안은 아내에게 조소받을 각오를 해야 한다.

음악적인 감각도 여성은 남성의 여섯 배나 높다. 여성은 록이나 팝송을 크게 틀어 놓으면 시끄럽다고 짜증을 내는데, 그것은 여성이 남성보다 두 배 정도 귀가 잘 들리기 때문이다. 당신의 아내가 스테레오의 볼륨을 줄이기만 한다고 해서 소극적인 성격이라고 생각해서는 안 된다.

또 잘 알려진 것처럼 손끝 놀림은 남성이 여성에게 당해 내지 못한다. 여성은 근육의 미묘한 조절에 뛰어나, 손끝도 미묘하게 움직일 수 있다. 이것은 여성이 운동 능력을 지배하는 작은 뇌가 크

다는 것과 관계가 있는지도 모른다. 스포츠를 처음 배워 마스터하는 데도 여성이 남성보다 더 빠르다.

미적 감성과 오락의 영역에서도 여성이 뛰어나다. 남성은 일에 중독되어 있어, 애시당초 여성만큼 삶을 즐기는 능력을 지니지 못한 것인지도 모른다. 이젠 힘을 쓰는 시대는 가고, 사무 능력과 생활을 즐기는 시대가 되었다.

가정에서는 패션에서 인테리어, 경영까지 아내의 능력에 따르고 협조할 수밖에 다른 방법이 없다.

진정한 남성의 배짱

'남성은 배짱'이라는 말이 있다. 그것은 맡겨진 일을 소신 있게 해내는 능력을 말한다. 얼마 전까지만 해도 그것은 경제력을 말했지만, 요즘에 남성의 배짱은 다르다. 어떤 주부가 말한다. "우리 남편은 날마다 잔업이다, 교제다 하면서 늦고, 일요일에는 고객과 골프 치러 갑니다. 회사가 시키는 대로만 하지, 배짱이 하나도 없어요." 잔업이다, 교제다, 골프다 하는 것은 아내 쪽에서 보면 남편이 기업 사회에 굴복하는 배짱 없는 사람으로 비쳐지는 것이다.

아내 입장에서는 가정보다 오직 일에만 힘쓰는 남편의 모습이 배짱이 전혀 없는 것처럼 보인다. 남편도 좋아서 일만 하는 것은 아니다. 모두가 회사와 가족을 위해서다. 이런 실정도 모르고 무능하다고 비웃기만 하는 아내를 보면 남편은 정말 울고 싶은 심정이다. 아내는 "때로는 확실히 자기 주장도 펼 수 있지 않아요?"라고 주장한다.

주부가 말하는 '남성의 배짱'이란, 남편이 가정의 행복을 위해

직장에서 자기 주장을 확실히 할 수 있는 것을 말한다. 남편은 이렇게 반론한다. "자기 주장만 하게 되면 월급쟁이 사회에서 완전히 퇴출돼. 지금의 이런 생활도 더 보장할 수 없어. 어떻게 여성들은 그렇게 냉정하게 말을 하지?"

남성과 여성은 일의 의미에 대한 해석에 차이가 있어 그것이 서로에게 오해를 낳게 한다. 직장에서 자기 주장을 할 때 받게 되는 영향은 남녀 사이에 아주 다르다. 남성 집단에서는 집단 속에서 개인의 역할과 실적이 아주 중요시된다. 실적과 능력에 따라 지위와 서열이 결정되기 때문이다.

이처럼 남성 집단은 경쟁 속에서 서열을 만들어 가는 경향이 있다. 직장의 경우 부서의 업무 수행도 중요하지만, 업무 수행 과정에서 개개인의 활동이나 실적을 통해 능력이 평가된다.

그러므로 모두가 잔업을 하고 있는데, 나만이 '먼저 간다'고 할 수 없다. 그것은 능력 평가에 큰 영향을 준다. 일요 골프를 그만두고 잔업을 거부하고, 용기를 갖고 자기 주장만 편다면, 집단과 일에 대한 실적이 적어져 직장 집단에서 퇴출되고 만다.

일의 능력은 사람에 따라 큰 차이가 있는 것이 아니므로, 집단에 대한 충성도와 일에 대한 자세가 서열을 결정하는 기준이 된다.

그렇다면 그런 남성의 괴로움을 여성은 모른다는 것인가? 여성의 대인 관계는 남성과는 전혀 다르다. 여성의 경우는 공동체적이라고 할 수 있다. 그것은 집단의 행복과 다른 사람들과의 관계를 촉진하기 위한 것이다. 곧 여성은 서열을 만들지 않고 집단 속에서 평등하게 서로 사이좋게 지내는 것을 우선으로 한다.

아내는 여성 집단에서의 감각으로 남편의 일하는 모습을 나무라기 때문에 견해차가 생기게 된다. 이 견해차를 좁히지 못하여 고민 끝에 우울증에 걸리는 남편들도 있다.

맡겨진 일을 훌륭하게 완수하는 능력이 진정한 남성의 배짱이라면 여성도 남성이 갖는 이런 괴로움을 이해해 줘야 한다. 그것 또한 진정한 여성의 배짱이다.

어쩌면 요즘 세상에는 "그런 시시한 회사는 그만둬 버리세요"라고 서슴없이 하는 아내의 말을 묵묵히 듣는 배짱이 진짜 남성의 배짱인지도 모른다.

여성은 놀라운 직관력을 구사하는 펜티엄 컴퓨터

다섯 살 되는 딸이 어머니에게 물었다. "동화는 왜 모두 옛날이라는 말로 시작 돼?" 어머니는 고개를 가로 저으며, "꼭 그런 것만도 아니야. 회사 일이라는 말로 시작되는 것도 있어. 네 아빠 동화처럼."

남편의 거짓말은 금방 아내에게 탄로나고 만다. 이것이 바로 아내의 초고성능 감시 장치인 '여자의 직감'이라는 것이다. 이 원시적 감시 장치 때문에 남편은 가정의 모범이 되지 않을 수 없다. 그 예리한 '여자의 직감'이란 무엇이며, 정말 있는 것인가?

이것은 심리학에서 보면 뇌의 작용이 여성은 남성과는 다르다는 것과 관계가 있다. 여성은 눈과 귀로 들어오는 정보를 대뇌의 좌측과 우측이 신속하게 연결되어 처리한다. 남성은 언어 처리를 위해 대뇌의 좌측만을 주로 활용한다. 그러나 여성은 양쪽을 동시에 활용할 수 있다.

여성은 남편의 말을 대뇌의 좌측에서 처리하는 동시에 남편의

표정을 대뇌의 우측에서 처리하여 그 정서를 읽어 낸다. 그 때 좌뇌에서 처리한 남편의 말을 우뇌에 전하여 표정에서 얻은 정보와 일치되는가를 서로 맞추어 본다. 표정에서 받아들인 정보와 말의 의미가 다르면 거짓말이라고 판단한다.

예를 들면, 남편이 "내일 일요일은 급히 거래처 사람과 골프를 쳐야 해, 모처럼 휴일인데 정말 미안……" 하고 실망한 표정을 지으면서도 시선은 아내에게서 벗어나려 한다. 그럴 때 아내의 감시 장치인 '여자의 직감' 이 작동한다. 아내는 좌뇌가 받아들인 남편의 '내일은 일 때문에 골프를 쳐야 한다. 미안하다' 라는 메시지와 우뇌에서 받아들인 남편의 수상한 말투와 표정을 재빨리 서로 맞추어 보고 '아무래도 말의 의미와 표정이 맞지 않아. 수상해' 라고 생각한다.

아내는 남편의 말과 음성과 표정, 자세와 몸짓, 과거의 경험 등 여러 가지 주변 정보를 모아 재빨리 본심을 읽어 낸다. 이 모두가 대뇌의 좌우를 동시에 활용하는 여성이 가진 특기, 곧 여성의 직감이다. 남성들은 여성의 발상을 비논리적이라고 몰아붙이지만 그것은 잘못된 판단이다. 여성의 뇌를 대형 컴퓨터라고 한다면 남성의 뇌는 퍼스널 컴퓨터다. 물론 여성의 직감이 작용하는 것은 남편에게 대해서만은 아니다. 여성은 처음 만나는 사람과 5분 정도만 이야기해도 성격 분석까지 해버린다. 이웃에 이사 온 집 주부가 인사차 떡을 가지고 들렀다. 상당히 미인이다. "옆집에 이사 온 사람입니다. 잘 부탁드립니다"라는 인사에 남편은 "반갑습니다"라고 말하면서 '상당히 미인이구나'라는 생각을 갖는다. 남성은 대뇌의 좌측에서 이웃집 주부를 '이웃집 김씨 부인'이라고 추상적으로 기호화하여 우측에서 '아름답다'라고 느낀다.

그러나 아내는 다르다. 이웃집 주부의 말과 억양, 몸짓 등에서 성격까지 유추해서 그 주부의 인상을 꼭 찍어 말한다. "미인이긴 하지만 화장이 너무 진하고, 옷도 너무 화려해. 틀림없이 남편에게 불만이 있는 모양이야. 그래서 남성의 눈을 의식하는 거야. 당신과 나에게 인사할 때 시선이 다른 걸 보면 꽤 꼬리를 치는 여자인 것 같아요. 조심하세요." 그 직감이 적중할 때가 많다. '저렇게 뛰어난 직감을 가지고 있으니……'라고 남편은 놀랄 때가 많다. "그렇게 예리한 당신이 왜 나 같은 변변찮은 사람하고 결혼했어?" 그러면 아내는 쌀쌀하게 "그 때는 여자의 직감을 제대로 활용할 줄을 몰라서" "그럼 요즘은 어떻게 그렇게 직감을 잘 이용하지?" 아내는 오뚜기 같은 남편의 배를 쳐다보면서 말한다. "당신은 어째서 그런 배를 갖게 됐지요?"

부부 싸움을 하면 금실이 더 좋아지는 이유

"아내를 구타하는 남자는 도저히 이해할 수가 없어"라는 말을 자주 듣는다. 부부 싸움도 많이 달라졌다. 가재 도구가 난무하는 전투는 없어지고, 부부가 거의 말을 하지 않는 냉전형이나 아이를 인질로 잡는 게릴라전이 늘어났다. 얼굴에 멍이 들게 하는 싸움은 줄어들었으나, 심리전이 증가하여 이혼은 오히려 더 늘어났다.

부부가 사이좋게 지내는 데는 극복해야 할 일이 많지만, 타인인 남녀가 함께 생활해 가기 위해서는 서로를 이해해야만 한다.

사업상의 관계라면 문제를 대화와 논리로 해결하는 것이 상식이지만, 부부가 서로 이해하기 위해서는 논리뿐만 아니라 감정적으로도 이해할 필요가 있다. 이것이 사업상의 문제와 복잡한 남녀 관계의 차이다.

부부 사이의 대화가 이성적인 커뮤니케이션이라면, 부부 싸움은 감정적인 커뮤니케이션이다. '비온 뒤에 땅이 굳어진다'는 속담도 있지만 부부 싸움을 하고 난 뒤 처음으로 서로의 마음을 이해할 수 있는 영역도 있다. 다만 부부 싸움을 하는 방법에는 남녀차가 있다. 이것을 미리 기억해 두지 않으면 건설적인 부부 싸움은 할 수 없다.

싸울 때의 남녀의 생리학적인 차이를 비교해 보면, 남성의 경우는 공격할 때는 혈압이 상승하지만 그것이 끝나면 급속하게 내려간다. 남성은 머리에 피가 솟구칠 정도로 화를 내지만, 화가 풀리면 곧 냉정을 되찾게 된다. 그러나 여성은 혈압이 오른 채 얼마 동안 그대로 있다. 먼저 냉정을 되찾은 남편이 냉각된 관계를 바로 잡으려 애쓰지만 아내는 아직 화가 풀리지 않아 다시 부부 싸움이 되기도 한다.

미국의 경우, 아내가 남편에게 살해되는 사건은 침실에서 가장 많이 일어난다고 한다. 부부 싸움을 하고 난 뒤 냉정을 되찾은 남편이 성행위로 아내의 화를 풀려고 아내를 억지로 침실로 끌고 가기 때문이다. 그러나 아내는 냉정을 되찾기까지 시간이 걸리므로 거부하거나 받아들여도 쌀쌀한 태도로 남편을 대한다. 아내의 태도에 다시 화가 난 남편이 아내를 목 졸라 죽이는 끔찍한 사고가 자주 일어난다는 것이다.

이처럼 남성의 머리는 식기 쉬우나 여성의 머리는 식기 어렵다. 부부 싸움 뒤에는 반드시 냉각 기간을 둘 필요가 있다. 남편은 산책을 나간다든지, 담배를 사러 간다든지, 다른 방에 머물면서 아내가 머리를 식힐 시간을 충분히 갖도록 해주어야 한다. 그 사이에 부부 싸움의 원인과 상대의 감정을 서로 이해할 수 있을 것이다. 남편이 산책에서 돌아왔을 때 아내가 마실 것을 준비해 놓고 화해할 준비를 한다면 자연스럽게 서로를 용서할 수 있지 않을까?

부부 싸움에도
일정한 규칙이 있다

결혼한 지 10년 된 아내가 말한다. "당신은 정말 지독한 남자에요. 잠꼬대를 하면서 나를 막 욕했다니까요." 그랬더니 남편은 머쓱해서 말한다. "잠꼬대잖아……."

이것은 극단적인 예지만 부부 싸움을 필사적으로 피하는 남성들이 있다. 특히 교양 있다는 말을 듣는 층이 그런데, 이것도 생각해볼 문제다. 비판 없는 이해는 위선에 지나지 않는다. 부부 싸움을 하지 않으면 이해할 수 없는 부분이 많은데 그것을 피한다는 것은 너무 소극적이다. 그렇다면 부부 싸움을 하고 나면 어떤 효과가 있다는 말인가?

사람은 일정한 연령이 되면 더 배울 필요가 없다고 생각하지만 그것은 잘못된 생각이다. 육체의 성장에 비례하여 정신이 성장하는 것은 아니다. 육체는 중년이면서도 정신은 아이인 채로 남아 있는 경우도 있다. 남성은 여성의 비판을 통해 자기 결점을 알아내고, 여성도 남성에게서 비판받으며 정신적으로 성장한다. 곧 성별을 초월하여 인간으로 완성되는 것이다. 물론 아내나 남편으로부터 비판받는 것은 기분 좋은 일은 아니다. 그래서 일시적으로는 감정적으로 대립하여 부부 싸움이라는 형태를 취한다. 그것으로 자기가 알지 못했던 결점을 알아내고, 알고는 있었지만 고칠 수 없었던 부분을 고칠 수 있게 된다.

부부 관계를 해치지 않으면서 부부 싸움을 하는 데는 다음과 같은 일정한 규칙이 필요하다.

첫째로 상대의 인격을 궁극적으로 부정한다든지, 이혼 같은 말은 입에도 올리지 말라는 것이다. 그것을 목적으로 싸우는 것은 아니기 때문이다. "당신은 정말 이상한 사람이야"라든가 "이혼해요"라는 말을 입에 담는 것은 핵폭탄의 발사 버튼을 누르는 것과도 같다. 이러한 말을 함으로써 두 사람의 관계가 깨지지는 않는다 해도 그 후유증은 오래 남게 된다.

둘째로는 서로 사과하기 위한 사인을 정해 두라는 것이다. 말로 사과하기란 좀처럼 어려우므로 미리 화해의 사인을 정해 두라는 것이다.

영국의 수상이었던 처칠 경에게 이런 에피소드가 있다. 부부가 함께 참석한 만찬회에서 있었던 일이다. 처칠 경은 테이블 위에 오른손을 올려 놓고, 둘째손가락과 가운뎃손가락을 교대로 움직이면서 손가락이 걸어가는 듯한 동작을 했다. 두 개의 손가락은 테이블 위에서 부인 쪽으로 걸어가는 듯이 보였고, 처칠의 시선도 부인 쪽으로 향하고 있었다.

그 장면을 보고 어떤 사람이 부인에게 귓속말로 물었다. "처칠 경이 손가락으로 당신에게 무슨 뜻을 전하려는 것 같은데 무슨 의미인가요?" 부인은 이렇게 말했다. "여기에 오기 전에 부부 싸움을 했거든요. 그는 자기가 나빴다는 것을 인정하고 지금 손가락으로 사과를 하는군요." 백기 대신에 손가락으로 화해의 사인을 보낸 것이다. 화해의 사인을 보내면 상대도 신사적으로 받아 줘야 한다.

이것이 부부의 제네바 협정이라는 것이다. 이 두 가지를 지키면 부부 싸움을 해도 별 문제가 없다. 다만 폭력은 예외다.

주위 사람을 신경 쓸 필요 없이 부부 싸움은 하는 것이 좋다. 그러나 가장 좋지 않은 것은 마음이 토라지는 것이다. 마음이 토라지면 적의감이 마음속 깊이 쌓여, 상대의 단점이 더욱 강하게 드러난다. 말다툼조차 하지 않으면 상대가 무엇 때문에 화를 내는지 몰라 오해만 하게 된다. 대화로 응수하는 부부 싸움을 통해 서로 원만한 가정으로 발전해 가고 인간적으로도 성장하게 된다. 부부 싸움은 마음의 아킬레스건이라 할 수 있다.

남편과 아내의 신체 사이클

아무리 금실이 좋은 부부라도 오랫동안 같이 살면 반드시 갈등이 일어나는 시기가 있다. 남성과 여성의 생리적인 차이 때문에 생기는 심리적 차이도 있다. 그것을 알아둔다면 쓸데없는 마찰을 피할 수 있다.

예를 들면 어느 휴일 아침, 남편이 기분 좋게 잠자리에서 일어나 보니 아내는 벌써 부엌에서 아침 식사 준비를 하고 있다. '똑딱딱' 하는 부엌칼 소리가 유쾌하다. 얼굴을 씻고 이를 닦는 남편의 모습이 굉장히 정력에 넘치는 듯하다. 앞치마를 두르고 채소를 써는 아내의 뒷모습이 성욕을 돋운다. 등뒤로 살며시 다가가 아내를 껴안는다. "무슨 짓이에요. 아침부터"라는 아내의 말을 무시하고 억지로 그 일을 치르고 만다. 남편은 "아내가 싫다고는 하지만, 그건 본심이 아니야"라는 생각을 갖지만 그건 잘못된 행동이다.

이런 행위는 아내를 겁탈하는 행위라고 할 수 있다. 이것은 애정을 나누는 행위라기보다 단순히 성욕을 배설하는 행동이라고 할 수 있다. 남성에게 오전 8시는 성호르몬의 분비가 최고인 시간대로 강한 정력을 느끼는 시간이다. 그래서 남편은 아내에게 무리한 요구를 강요한 것이다. 그러나 아내는 그렇지 않다. 겁탈당한 듯한 서글픔과 노여움을 느낀다.

체내에 성호르몬의 분비는 남성과 여성 사이에 차이가 있다. 그것을 무시한 채 일방적으로 행위를 강요하면 아내는 '남편이 혹시 성적 이상자가 아닌가?' 하는 생각을 갖는다.

인간의 심리는 그 때의 생리 상태에 크게 영향을 받는다. 하루 중에도 체내의 생리 상태는 시시각각으로 변하며 그 상태에 따라 마음이 불안해지기도 하고 성욕이 최고가 되기도 한다. 그것을 이해하지 못하면 배우자를 오해하게 된다.

여성이 생리 전에 마음이 불안해지는 것과 같은 현상이 남녀 모두에게 있다. 하루의 사이클 속에서도 그런 현상이 일어난다. 그것을 모르면 배우자가 신경질적인 것처럼 느껴진다. 특히 주의해야 할 것은 저녁 무렵 이후다. 저녁 때부터 밤까지의 심신의 변화를 정리해 보자.

• 오후 4시　몸의 신진 대사가 저녁 시간을 대비하여 활성화된다. 그 때문에 몸이 화끈거린다든지, 땀이 난다든지, 한숨이 자주 나온다. 불안감·스트레스·우울감으로 기분이 좋지 않다. 휴일 저녁 무렵이 되면 기분이 나빠진 일은 없는가? 그것은 신진 대사의 변화, 곧 호르몬의 변화 때문이다. 서로의 이해가 필요한 시간이다.

• 오후 5시　후각과 미각이 아주 예민해진다. 무엇을 먹어도 맛있다고 느껴지는 시간이다. 다이어트를 신경 쓰는 여성에게는 아주

괴로운 시간으로 마음이 불안해진다. 또 청각도 예민해진다. 아이들이 떠드는 소리에 무의식중에 '시끄러워' 라고 소리치기 쉬운 시간이므로 조심해야 한다.

• 오후 6시　육체적 활동이 하루 중 최고인 시간으로 힘과 인내력이 솟아오른다. 주부는 남편이 좋아하는 음식을 준비해 놓고, 남편이 돌아오기만을 기다린다. 그러나 남편은 힘이 솟구쳐 곧장 집으로는 들어가기 싫고 다른 곳을 들르고 싶어진다.

• 오후 7시　혈압이 최고로 높아지고 호르몬의 변화가 일어난다. 그 때문에 감정이 심하게 동요된다. 마음이 불안해져 짜증을 부리기 쉽다. 남편에게 아내가 그날 일어났던 일을 말하면 남편은 '좀 조용히 해' 하며 소리치기 쉽고, 그러면 아내도 남편에게 민감한 반응을 보인다. 아이들이 노는 소리도 아주 시끄럽게 느껴진다. 신경질 부리기 쉬운 시간대다.

• 오후 10시　호르몬 수준과 체온이 저하되어 몸의 모든 활동이 저하된다. 호흡도 느려져 잠이 오기 시작한다. 청각만은 아주 민감해진다. 아파트의 윗집에서 나는 소리가 아주 신경 쓰인다. 이성이 매력적으로 보이는 시간이기도 하다. 부부가 마주앉아 대화를 나누기 좋은 시간대다.

이처럼 저녁 때부터 한밤중까지 신체의 사이클에 따라 정신적 변화가 초래된다. 그것을 이해하고 받아들이는 서로의 '관대한 타협'이 필요하다.

우연히 자주 만난다면 통하는 사람

"그거 참 이상한 인연이군!" 하며 무심코 소리쳤던 일은 누구라도 한번쯤 있을 것이다. 신비스러운 사건의 연속인가, 그렇지 않으면 단순한 우연인가? 우연의 일치라고 하기에는 통계적인 확률로서는 설명이 안 되는 것들이다.

바로 '공시성의 심리학'이라는 것으로, 공시성이란 쉽게 말하면 인간의 마음은 친한 사람들 사이에서는 서로 동조된다는 것이다. 다음과 같은 실례를 살펴보자. 이것은 디샹이라는 프랑스인의 체험이다. 디샹은 소년 시절 고향에서 드 폴드기브 씨가 준 프람 푸딩을 한 조각 먹은 적이 있었다.

10년 뒤 파리에 살던 디샹은 어느 레스토랑에서 잊을 수 없는 맛의 그 프람 푸딩을 발견했다. 그것을 주문하려고 했지만 이미 주문이 끝나 있었다. 놀랍게도 그것을 주문한 손님은 바로 드 폴드기브 씨였다. 몇 년 뒤 디샹은 어느 파티장에서 프람 푸딩을 먹게 되었다. 그것을 먹으면서 그는 생각했다. '여기서 하나 빠진 것은 드

폴드기브 씨다.' 그 때였다. 파티회의 문이 열리고 길을 찾아 헤매던 노인이 안으로 들어왔다. 그 노인은 드 폴드기브 씨였다.

이것은 스위스의 심리학자인 칼 구스타프 융이 쓴 글이다. 융은 수많은 우연의 일치 현상을 체험하고 그것을 일으키는 어떤 법칙이 있다고 생각하여 '공시성'이라 불렀다. 그 뒤 공시성을 연구하는 심리학자가 나왔지만 그 원리에 대해서는 설명하지 못하고 있다. 아란 보간이 1979년 출판한 『믿기 어려운 우연의 일치』라는 책에는 놀랄 만큼 많은 우연의 일치가 수록되어 있다. 그 가운데서 두 가지를 소개하려 한다.

어떤 여성이 실내에 열쇠를 둔 것을 잊은 채 현관문을 닫아 버렸다. 그 사실을 뒤늦게 안 그녀는 현관 문 앞에서 집 안에 들어가는 방법을 궁리하고 있었는데, 마침 우편 배달부가 다가와 편지를 주고 갔다. 그것은 오빠에게서 온 편지였는데, 그 속에 오빠에게 빌려 줬던 현관의 보조 열쇠가 들어 있었다.

또 하나는 뉴욕에서 어떤 남자가 친지를 방문하려고 지하철을 탔을 때 일어났던 일이다. 다른 역에서 잘못 내린 남자는 역 출구에서 다시 지하철로 돌아오려고 하는데, "오래간만이야" 하는 소리가 들렸다. 뒤를 돌아보니 방문하려 했던 사람이 그 곳에 서 있었다. 확률적으로는 있을 수 없는 우연이 실제로 일어나고 있는 것을 보면 '공시성'이라는 법칙을 증명하는 듯하다.

우연의 일치는 의식한다고 해서 일어나는 것은 아니다. 말하자면 사사로움이 없는 심리 상태, 곧 '우연'으로만 일어난다.

약점을 고백하는 저의

우리는 여러 가지 동기와 이유, 무의식의 작용 등을 통해 행동하게 되는데 그 가운데는 '논리적 납득' 이라는 것이 있다. 예를 들면 여름 휴가를 계획할 때 8월에는 지방과 도시 사이에 인구의 대이동이 있어 기차나 도로가 혼잡하나, 같은 8월이라도 그 전반은 지방으로 향하는 사람, 후반은 도회지로 되돌아오는 사람이 많으므로 그 반대의 경우를 취하면 즐거운 여행을 할 수 있다는 것을 고려하는 것이다.

그러나 우리는 이론과 현실의 차이 때문에 실수를 거듭하는 경우가 많다. 특히 경험적 지식이 없는 새로운 행동을 하게 될 때는 이론에 대해 깊은 의문을 갖게 된다. 그래서 논리 정연하고 확신에 차 있는 정보라든가 빈틈없는 설득, 허점이 티끌만큼도 없는 완벽한 논리 등에는 혹시 감춰진 함정이 있지 않은지 경계하며 의혹을 품는 경우가 많다.

예를 들면 사기 등 지능 범죄는 사람의 이런 경향을 교묘하게 역이용한다. 불량 상품을 팔 때 말로 교묘하게 그 결함을 숨기는 것은 초보적 수법이고, 좀더 높은 수법으로 '결점이 좀 있어서 백화점에 납품하지 못한 제품이니 싸게 가져가라' 든가, '반밖에 못 팔아서 이대로 회사에 들어갈 수도 없고 하니 얼마라도 내고 가져가라' 는 등 '불완전성' 을 내세움으로써 손님을 끄는 경우가 있다.

백화점 같은 데서 이런 물건을 대처분할 때 언제나 대성황인 것은 '완벽' 보다는 '불완전함' 에서 좀더 큰 진실성을 발견하게 되는 인간의 심리 때문이다.

특히 이런 경향은 교육 수준이 높은 사람에게 더 강하다는 것이 미 육군의 정보 교육부의 실험에서 밝혀졌다. 이 실험에서는 일본과의 전쟁이 장기화되는 것을 설득하기 위한 두 종류의 원고를 준비했다. 하나는 이 전쟁이 오래 갈 것 같다면서 오래 버틸 수 있는 방법을 제시했고, 또 하나는 이 전쟁이 오래 갈 것 같지만 일본의 공업력이 열세하므로 의외로 빨리 끝날 가능성도 있다는 것을 제시했다.

그 결과 고졸 이상의 그룹에서는 반대 정보를 포함하는 쪽의 원고를 통해 더 많이 설득되었다. 전달자의 의견에 찬성하고 있는 그룹에 대해서는 반대 정보를 포함하지 않는 일면 제시(一面提示)가 효과적이고, 또 전달자의 의견에 반대하는 그룹에 대해서는 반대 정보가 포함된 양면 제시(兩面提示)가 효과적이라는 것이 실험을 통해 밝혀졌다.

자신의 생각을 일반화할 때

사람은 나이를 먹으면 "요즘 젊은 사람들이란……"이라는 푸념을 늘어놓을 때가 많다. 이런 말이 고대 이집트의 문서에도 기록되어 있다고 하는데, 어느 시대에도 반복되는 이야기인 듯하다. '요즘 젊은 사람'이라는 말은 젊은 사람의 행동과 풍조가 못마땅함을 세대를 빗대어 비방하는 것이다.

실제로는 개인적인 비방인데도 마치 그것이 세대간의 갈등인 것처럼 바꾸어 말하는 것이다. 이것은 심리학에서 '지성화'라고 표현한다. 자기의 주관적 사고를 객관적으로 사실화하려는 욕구다. 특히 지식인에게 공통되는 현상인데, 모든 것을 규범을 따져서 이야기하는 듯한 행동과 태도를 취한다.

개인적인 애정과 증오의 갈등을 거창하게 철학적인 문제로 바꾸는 경우도 있다. 예를 들면 부모에게 '견해와 가치관이 다르다', '사람이 왜 사느냐 하는 중요한 것을 모르고 있다'라는 식으로 감정적인 문제를 관념적인 문제로 바꾸어 논박한다.

　이것은 자기 나름대로 해석하는 것이므로 지성화한다고 해서 지성적으로 되는 것은 아니다. 처음에 예로 들었던 노인의 말은, 긴 세월을 살아왔다는 자부심과 젊었을 때의 삶을 회상해서 그렇게 말한 것이지만 객관성이 결여되어 있다.

　어떤 때는 "요즘 젊은 사람은 여자 하나 사귀지 못할 만큼 연약해"라고 공격하는가 하면, 또 어떤 때는 "요즘의 젊은 사람은 일도 하지 않고 여자와 놀기만 해. 정말 한심한 일이야"라고 말하기도 한다. 같은 사람이 젊은 사람을 두고 이렇게 말한다는 것은 모순이다.

　지성화는 그럴듯하게는 들릴지 모르지만 논리적이라고는 할 수 없다. 지성화를 즐기는 사람은 그것이 갖는 모순에 한쪽 눈을 감는다.

병사가 상관의
명령에 따르는 이유

    회사에서는 사원을 호령하는 사장도 집에서는 그 위엄이 전혀 통하지 않아 '힘 없는 아버지'로 변모하는 경우가 있다. 도대체 타인이 명령에 따르는 것은 어떤 심리 법칙이 작용하기 때문일까?

    첫째는 호의나 선의에 따라 명령에 따르는 경우다. "그 사람의 말은 따라야……"라고 말하는 것은 명령을 따르는 쪽의 적극적인 의사 표현이다.

    둘째는 명령하는 사람을 존경하고 따르는 데 아무런 심리적 저항감이 생기지 않는 경우다.

    셋째는 권위에 굴복하여 강제적으로 따르는 경우인데, 사장이 회사에서 큰 힘을 가질 수 있는 것은 사원의 호의나 존경 때문이라기보다는 주로 사장이라는 권위 때문인 경우가 많다.

    그러나 아무리 권력을 갖고 있어도 그것을 따르는 쪽이 권력의 정당성과 그것을 사용하는 상황의 정당성을 인정할 수 없으면 심리적 저항감이 커져서 권력에 따르지 않게 된다.

　사장이 사장으로서 존재할 수 있는 것은 그 두 가지 정당성이 인정되는 '회사'라는 곳이 있기 때문이다. 교사의 명령에 학생이 따르는 것과 경찰관의 명령에 시민이 따르는 것은 권위의 정당성과 상황의 정당성을 인정하기 때문이다.

　수색 영장을 갖고 있지 않은 경찰관이 가택 수색을 하려고 할 때 저항을 받게 되는 것은 상황의 정당성을 인정받지 못하기 때문이다. 술집에서 만난 옛 제자에게 접대부 생활을 그만두도록 아무리 설교해도 옛날처럼 말을 들으려 하지 않는 것도 마찬가지다.

　이런 것에서 가끔 문제가 되는 것은 전쟁 중에 저질러진 잔학 행위다. 반사회적 명령에 병사가 따르는 것은 상관의 명령과 전장이라는 극한 상황에서 권위의 정당성과 상황의 정당성이 병사의 심리적 저항감을 줄이기 때문이라고 설명된다.

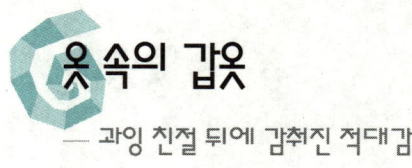

옷 속의 갑옷

— 과잉 친절 뒤에 감춰진 적대감

　사람은 누구나 다른 사람이 친절하고 정중하게 대해 주면 아주 기분이 좋아진다. 그러나 사람이 타인에게 요구하는 것은 친절과 경의의 내용이 아니고, 표면적인 것이라 할지라도 그것을 나타내는 '태도'다. 그러므로 '친절한 가운데서도 예의'가 필요하다. '그 사람은 태도가 나쁘다' 라는 말이 타인을 비난하는 말로서 자주 쓰이는 것도 그 때문이다. 그렇다고 상대의 예의바른 태도를 모두 믿을 수 있을까?

　우리는 때로 '저 사람은 왜 나에게 이렇게 친절하고 정중하게 대할까?' 하는 의문을 갖는다. 어딘가에 함정이 있을지도 모른다는 불안감을 갖게 한다. '옷 속의 갑옷' 처럼 과잉 친절이나 정중함 뒤에는 적대감이나 대항 의식이라는 감정이 숨겨져 있는 경우가 많다.

　전처 아이를 증오하는 어머니가 아이를 지나치게 귀여워하는 것이 그 예다. 그녀는 전처 자식을 미워한다는 것이 사회적으로 용납

되지 않는다는 것을 잘 알기 때문에 나름대로 인정받을 수 있는 행동으로 억압된 감정을 방출하려 한다.

이와 같은 마음의 기제를 심리학적으로 '반동 형성'이라 하는데, 자기의 공격성을 직접적으로 표출하기에는 불안할 때 이런 태도를 취한다. 아내에게 심한 증오를 느끼는 남편이 아내를 극진히 사랑하여 타인도 인정하는 '애처가'가 되는 예가 많다. 반대로 남편을 증오하는 아내가 지나칠 정도로 정숙하게 남편을 받드는 경우도 있다.

겉으로 보기에는 아주 금실이 좋아 보이는 부부 사이에도 심한 증오가 개재되어 있는 경우가 많다. 그러면서도 남편과 아내가 겉으로는 전혀 그렇게 보이지 않는 것은 파국을 맞이함으로써 받게 될 여러 가지 사회적 비난이 두렵기 때문이다. 지나친 친절이나 정중한 태도를 보이는 상대라면 진심을 정확히 파악할 필요가 있다.

물건을 사는 행동으로 그 사람을 알 수 있다

'당신이 어떤 물건을 사는지를 보면 당신이 어떤 사람인가를 알아낼 수 있다' 라는 말을 듣는다면 움찔할 것이다. 소비자는 성격이 제각기 다르다. 쇼핑에 쓰이는 용어인 '절약가' 라든가 '낭비벽' 이라는 말은 모두 성격을 반영하는 말이다.

물건을 구매하는 다섯 가지 유형으로 상대방의 성격을 알아보자.

❖ **싼 물건 수집형**   광고 전단을 모으고 각 상점의 가격을 비교 검토하여 조금이라도 싼 물건을 사려는 타입이다. 어느 집단에도 이런 사람은 존재한다. 질서 욕구가 강하여 변화를 신용하지 않는 경향이 있다. 보수적이고 인내심이 강한 계획가다. 현명한 소비자의 이상형이지만 너무 지나치면 강박 관념에 빠질 위험이 있다.

❖ **싼 물건 싹쓸이형**   일반적으로 싼 물건을 찾는 것은 싸게 사기 위한 것이다. 그런데 '싼 물건을 샀다' 라는 생각을 갖고 싶어 필요 이상으로 돈을 쓰는 경우가 있다. 이런 타입은 가격이 싸면 시간과 돈을 아끼지 않는다. 필요 없는 물건을 싸다는 이유만으로 계속 사들이는 타입이다. 심리적으로는 유아기로 퇴행하는 심리 상태라고 할 수 있다.

❖ **충동 구매형**   마음에 드는 물건을 발견하면 소유욕 때문에 사버린다. 이 타입은 가격이나 상품의 내용이 아니라 점원의 인상에 의해 구매를 결정한다. 충동 구매 손님을 단골로 하는 가게에서는 인상이 좋은 점원을 두고 가격은 전혀 입 밖에 내지 않도록 지

시한다. 눈에 띄는 진열에다 느낌이 좋은 점원으로 충동 구매를 부추기는 가게라면 상품 가격은 비싸다고 보아야 할 것이다. 이 타입이 심해지면 쇼핑광이 된다. 이 때 충동 구매는 고독이라는 욕구 불만을 충족시키려는 것이다. 그러나 인상이 좋은 점원과 대화를 하기 위해 충동 구매를 거듭한다면 생활은 점점 힘들어질 것이다.

❖ 브랜드 구매형　'브랜드 지향은 빈곤에서 온다'라는 말이 있다. 가난해서 교육 수준이 낮은 사람일수록 브랜드 상품을 추구하는 경향이 있다는 것이다. 그 이유는 높은 교육을 받은 사람은 매스컴으로 선전되는 브랜드에 좌우되지 않고 자기 생활에 적합한 상품을 고르는 안목을 가지나, 낮은 교육을 받은 사람은 그런 안목이 없기 때문이다.

브랜드 구매 타입인 사람은 사회 규범에 동조하는 경향이 강하여 '다른 사람과는 다르다'라는 말을 두려워한다. 자신감이 부족하고 다른 사람의 눈을 의식하여 행동하는 타입이다. '가난한 사람이 오히려 더 비싼 물건을 산다'라는 말도 있다.

❖ 카드 사용형　카드는 현금을 쓸 때보다 약 30% 정도 더 낭비하게 된다. 통신 판매의 카탈로그를 보고 물건을 구입하면 직접 구매할 때보다 29% 정도 더 낭비하게 된다는 조사 보고가 있다.

이렇듯 자신의 소비 패턴을 자각하지 못하면 병적인 구매 행동으로 치닫게 되는데, 그것을 '쇼핑 증후군'이라고 부른다.

자동차를 보면 그 사람을 알 수 있다

　도로에서 위험하게 운전하는 사람을 보면 크게 신경 쓰인다. '군자는 위험한 곳에 들리지 않는다'라는 말도 있지만, 자동차의 차종에서 운전자의 성격을 알아낼 수 있다면 재미있지 않을까?

　미국의 정신 분석가인 로젠 바움(M. E. Rosenbaum)은 '자동차는 운전하는 사람의 이미지를 반영한다. 곧 성격이 반영된 소유물이다'라고 주장하여, 자동차에 대한 기호와 성격 관계를 다음과 같이 연구 발표했다.

　❖ **경제형 차**　세일할 때 싼 상품을 찾듯이 값이 싸고 득이 되는 자동차를 사는 사람이 있다. 특히 평범한 여성에게 많으며, 이런 차를 애용하는 남성이라면 다른 사람의 눈에 노출되기를 싫어하는 자신감이 없는 사람이라고 할 수 있다.

　❖ **훼밀리 차**　아내가 지배하는 가정에서 이런 차를 많이 애용한다. 남편은 상당히 소극적인 성격의 소유자다.

　❖ **소형차**　소심하고 의뢰심이 강하고 분별심이 많은 남성은 소형차를 산다. 저마력이지만 복잡한 계기를 갖춘 차를 선택한다.

　❖ **요란하게 장식한 차**　액세서리로 요란하게 장식한 자동차를 타는 사람은 자기를 과시하려는 노출증 경향이 있다.

　❖ **최신형 차**　언제나 새 차를 타는 사람은 탐험가적 성격을 가진 사람이다. 호기심이 강하고 다른 사람보다도 한 발 앞서 가려는 과시형이다.

❖ <u>스포츠 카</u>　스포츠 카를 탄다는 것은 자유 · 무절제 · 쾌락을 의미한다. 이런 남성은 날씬한 여성을 선호한다.

❖ <u>폭스바겐</u>　인생과 사회에 대해 자기 주장을 하고 싶어하는 개인주의자로서, 자기 개성이 아주 강하다.

❖ <u>왜건</u>　사교적이고 동정적인 사람으로, 외향적이어서 사람과 동물을 좋아한다. 사회적인 양심을 갖고 있어, 지역 문제에 적극적으로 뛰어든다.

❖ <u>지프</u>　옥외 활동을 좋아하고 자기가 지금 처한 장소에서 벗어나려고 애쓴다. 언제나 광야를 달리기를 꿈꾸는 사람으로 욕구 불만이 많다.

❖ <u>대형차</u>　초보수주의자로서 사회 구조와 정치 구조를 현상태로 유지하고 싶어한다. 경제적으로 여유가 없으면서도 무리하게 대형차를 타는 사람은 자기의 경제적 · 사회적 계급을 과시하려는 사람이다. 또 자신감이 없고 타인이 자기를 어떻게 보는가에 언제나 신경을 쓰는 사람이다. 도박하듯이 살아가는 경향이 있다.

유행하는 차종은 그 시대의 성격을 반영한다. 뿐만 아니라 좋아하는 자동차를 보고 그 사람의 성격까지도 미루어 알 수 있다.

좋아하는 음식으로 그 사람을 알 수 있다

18세기 말 프랑스 사람 서브랑(A. Sovereign)은 '당신이 좋아하는 음식을 말해 주면, 당신이 어떤 사람인가를 알아맞힐 수 있다' 라고 말했다. 이렇듯 좋아하는 음식과 성격은 깊은 관련이 있다.

❖ 매운 음식을 좋아하는 사람   매운 것을 좋아하는 사람은 먹는 속도가 빨라 입 안에서 천천히 음식 맛을 보려고 하지 않는다. 음식이 입 안을 빨리 통과하므로 맵고 진한 맛이 아니면 맛을 느끼지 못한다. 곧 매운 것을 좋아하는 사람은 성질이 급한 사람이다.

❖ 얕은 맛을 좋아하는 사람   얕은 맛을 좋아하는 사람은 음식을 천천히 먹는 사람이다. 이 타입은 사색형이며 책략가이다. 느릿느릿한 인상을 주는데, 나쁘게 말하면 음모에 뛰어난 모략가이다.

❖ 단 음식을 좋아하는 사람   신경이 약한 사람은 단 것을 좋아한다. 스트레스로 언제나 긴장하고 있으므로 혈액 속의 당분이 부족하게 되어 단 것을 좋아한다. 섬세한 성격이어서 긴장과 욕구 불만을 많이 느끼며, 일을 시키면 긴장과 스트레스로 기한 내에 처리하지 못한다. 다른 사람과는 잘 사귀나 일을 시키면 질질 끈다.

❖ 야채를 싫어하는 사람   정서가 불안한 사람이다. 극단적으로 야채를 싫어한다는 것은 정서가 매우 불안정함을 뜻한다. 이런 타입은 버릇이 없고 타인에 대한 의뢰심도 강하다.

야채를 싫어하는 상사를 모시게 되면 아주 힘들어진다. 정서가 불안정해서 비위 맞추기가 힘들다. 어머니가 아이에게 야채를 먹으로라고 권하는 것은 정서 교육의 하나라 할 수 있다.

❖ **빨리 먹는 사람**　식사를 할 때 빨리 먹어치우는 타입은 자기 중심적인 사람이다. 자기 생각은 모두 옳고 다른 사람의 생각은 모두 그르다고 생각한다. 게다가 기분이 자주 바뀐다.

상사 가운데 음식을 빨리 먹는 타입이 있다면 같이 일하기가 아주 어렵다.

❖ **홀짝홀짝 먹는 사람**　느리지만 일을 꼼꼼하게 처리하는 타입이다. 그 반대 타입이 뜨거운 것을 좋아하는 사람이다. 뜨거운 음식을 소리내며 먹는 타입은 성질이 급한 사람이라고 볼 수 있다.

❖ **신 음식을 좋아하는 사람**　스트레스가 많으면 신 것을 좋아한다. 가정이나 직장에 문제가 많은 사람이다. 연애 중이거나 임신 중인 사람은 조금 신 것은 맛도 모를 만큼 아주 신 것을 좋아한다.

겉보기에는 편안한 듯 보이는 사람이 "나는 신 음식이 좋아"라고 한다면, 그는 다른 사람들이 눈치 채지 못하는 큰 스트레스를 느끼고 있는 것이다.

곧 좋아하는 음식은 바로 그 사람의 성격을 반영한다고 할 수 있다. 대인 관계에서 이러한 것을 알아두면 상대와 가까워지기가 훨씬 수월할 것이다.

제3장

남녀 사이의 미묘한 속마음 읽기

눈에 콩깍지가 씌면

여성 카운슬러와 대화를 나누게 한 뒤에, 피험자에게 그 여성 카운슬러에 대한 평을 하게 하는 심리 실험이 있었다. 카운슬러가 상대에 따라 '따뜻하고 우호적으로 대하는' 조건과, '차갑고 서먹서먹하게 대하는' 조건에서 실험이 행해졌다.

카운슬러와 대화를 나눈 사람들에게는 "그녀는 연구 목적 때문에 일부러 그렇게 대했다"라고 말해 주었지만, 우호적으로 대하던 사람을 '우호적이 아니다' 또는 쌀쌀하게 대하던 사람을 '차가운 사람이 아니다'라고 믿는 사람은 거의 없었다. 피험자들은 여성 카운슬러의 역할을 무시하고, 그녀의 행동은 그녀 자신의 성격을 반영한다고 생각했던 것이다.

"당신은 여사원들에게는 친절하시네요"라고 애인에게서 핀잔을 들은 남성이 "업무상 그런 것뿐이야"라고 변명한다. 그러나 그녀는 "여사원에게 마음이 있는지 몰라. 그녀의 환심을 사려고 친절한 행동을 하는지도 몰라"라고 의심을 갖게 된다. '역할이어서', '말은 일이어서'라고 변명해도 통하지 않는다. '언제나 밉살맞은 말만 하고 있어'라고 여사원 사이에서 혹평을 듣는 상사가 있다. 이런 남성이 엄한 표정으로 일을 지시해도 '또 시시한 말만 늘어놓으면서 시간만 끄는군. 정말 꼴불견이야'라고 생각한다.

어떤 여성의 대화 장면을 음성이 안 나오는 비디오로 보여 주고, 그 여성의 성격을 평가하게 하는 심리 실험을 했다. 그 비디오를 보여줄 때, 어떤 사람에게는 "그녀는 섹스에 관한 말을 하고 있다"라고 설명해 주고, 다른 사람에게는 "그녀는 정치에 관해서 말하고 있다"라고 설명했다.

그 결과, 섹스에 관해서 말하고 있다는 설명을 들은 사람은 이 비디오에 나온 여성을 '불안하고 안정성이 없다'라고 보았으나, 정치에 관해서 말하고 있다는 설명을 들은 경우에는 그녀를 '활기차고 적극적이다'라고 보았다.

같은 행동을 해도 그것을 보는 사람의 선입견에 따라 평가가 달라지는 것이다. 이런 경향은 여성보다 남성이 더 강하다. 그녀는 '청초하고, 착실하고, 가정적인 여성'이라고 생각하는 남성은 그녀가 친구들과 시시한 이야기를 나누고 있는 장면을 보고도 인생과 사랑, 일에 관해서 대화를 나누고 있다고 추측한다. 미인이 자리에서 일어서는 것을 보고 '소변을 보려고 화장실에 간다'고 상상하는 남성은 거의 없다.

아내의 말에 귀를 기울이자

"남자는 정말 단세포 같아요"라고 결혼 6년째인 주부가 남성을 조소하듯이 말한다. 남성은 순식간에 아메바나 플라나리아가 된다. "스포츠고 뭐고 한번 하면 빨려 들어가 버려요. 피곤하다, 피곤하다를 연발하면서도 회사가 끝나면 골프 연습장에 가고, 휴일에는 아침 일찍 일어나서 골프장으로 뛰어가니 피로하지 않을 수 없지요." 이것이 여성이 이상하게 보는 남성의 습성이다. 왜 이렇게 남성은 취미 생활에 빠져드는 것일까?

남성은 경쟁심이 강하기 때문이다. 스트레스 해소로 시작했던 스포츠나 컴퓨터도 차츰 솜씨가 익숙해지면 경쟁심이 솟구쳐 올라 나중에는 고행인지 놀이인지 모를 정도로 열중한다. 이것이 여성과 다른 점이다.

예를 들면 게임 놀이를 즐기는 방법에서도 남녀 사이에 큰 차이가 있다. 남성은 경쟁에 열중한다. 그러나 여성은 누가 이겨도 좋으니 좋은 결과가 나오도록 서로 힘을 합친다. 여성은 게임과 놀이를 오락으로 생각하지만, 남성은 그것을 승부로 생각한다.

경쟁에서 패하는 경우도 남성과 여성은 다르다. 여성은 '내가 못해서 진 것이니까 좀더 연습해야겠어'라고 생각하며 겸허하게 그 결과를 자기 책임으로 받아들이는 경향이 있으나, 남성은 후회하는 경향이 있다.

겉으로는 태연한 체하면서 내심 분하고 창피하여, '저 사람은 일을 시켜도 제대로 하는 것이 없어. 내가 저 사람 나이일 때는 일 배우는 데 정신이 없어 골프 같은 것은 하지도 않았어'라고 자기를 이긴 부하를 속으로 비난한다. 거래처 사람과의 접대 골프에서도 일부러 져주려 하다가 나중에 이겨 버리는 것도 남성의 경쟁심 때문이다.

다시 젊은 아내는 탄식한다. "골프만 그런 것이 아니에요. 뭐라도 한번 하면 푹 빠져 버리고 말아요. 그 단순함에는 질려 버렸어요. 아이와 게임을 해도 져주면 좋으련만 아이가 울 정도로 이겨 버린다니까요." 이런 남성은 몸에 무리가 가도록 일에 열중하는 사람이므로 골프 중에 심부전으로 목숨을 잃을 수도 있으므로 심장 질환에 조심하는 것이 좋다.

목숨이 아까우면 '단세포'라느니 '아메바'라고 쏘아붙이는 아내의 충고에 귀를 기울여야 한다. 대기업에 근무하는 중견 사원이 말한다. "경쟁심이 아니면 일을 해낼 수가 없어요. 일을 한 판의 게임처럼 하기 때문에 일에서 삶의 보람을 찾는 것이지요." 남성은 주어진 일을 처리하기 위해 스스로 경쟁심을 불태우며 일을 한다. 그 말도 이해가 되지만, 아내의 충고에 귀를 기울이지 않으면 언젠가는 후회할 것이다.

남성은 먼 곳을 잘 보나, 여성은 바로 아래쪽을 잘 본다

밤중에 배고픔을 느껴 냉장고 문을 열었을 때 먹을 것이 눈에 띄지 않아 이리저리 찾은 경험이 있을 것이다. 그 때 아내가 뒤에서 "뭘 그렇게 몰래 찾고 있어요? 또 먹으려구요? 그러니까 살이 찌지"라고 입버릇처럼 설교를 늘어놓는다. 그러고는 냉장고 구석에서 "여기 있잖아요. 집안일을 안 도와 주니까 냉장고에 무엇이 들어 있는지 어떻게 알겠어요."

밤중에 몰래 나와 배고픔을 해결하려던 남편은 아내에게 들켜 호된 꾸중을 듣게 된다. 그것은 남편의 잘못이 아니라, 여성과 남성은 잘 볼 수 있는 시야가 서로 다르기 때문이다.

곧 어두컴컴한 곳에서도 여성은 남성보다 아래에 떨어진 물건을 잘 본다. 다시 말하면 밤중에 냉장고에 든 음식을 찾는 것은 여성이 빠르다는 것이다. 왜 그럴까?

인간은 먼 옛날 수렵과 채집으로 의식주를 해결했다. 남성이 수렵을 하고, 여성은 어두컴컴한 수풀이나 산림 속에서 나무 열매를

모으며 살았다. 그래서 남성은 멀리 있는 것을 잘 볼 수 있고, 여성은 어두운 곳에 떨어져 있는 물건을 쉽게 발견할 수 있는 것이다.

길에 개똥이나 껌 등이 떨어져 있으면 아내는 그것을 잘 피해 가지만, 남편은 자꾸 밟아 "또 밟았네요. 정신 똑바로 차리고 다니세요"라고 아내에게 자주 핀잔을 듣는다.

이처럼 남성은 어두운 곳에 떨어진 물건을 잘 볼 수 없지만, 반대로 여성은 어두운 곳에 있는 것을 잘 본다. 이런 것을 모르고 아래쪽을 잘 못 본다는 생리적인 약점을 이용해 자꾸 남편을 구박한다는 것은 좀 지나친 행동이 아닐까?

여성은 과실에는 관용하고
부정에는 엄격하다

결혼한 지 5년이 된 아내가 한숨을 쉬며 말한다. "어째서 남자는 마땅히 화내야 할 때는 화를 내지 않고, 쓸데없는 일에는 화를 잘 내는지 몰라요."

교통 신호대의 신호가 파란 색으로 바뀌었는데도 앞차가 움직이지 않으면 뒷차가 경음기를 울려대는 것이 보통이다. 이럴 때 남녀 운전자의 화내는 모습을 관찰한 심리 실험이 있는데, 그 결과를 보면 남성과 여성은 화내는 원인이 서로 다르다는 것을 알 수 있다. 신호가 금방 파란 색으로 바뀌었는데도 앞차가 움직이지 않을 때 크게 화내는 것은 남성이며, 여성은 상대가 알아차릴 때까지 가만히 있는 것이 보통이다.

그러나 자기 앞에 끼여드는 얌체 차에 대해 화를 내고 경음기를 울려대는 것은 여성이다. 끼여드는 얌체 행위에는 여성이 화를 더 많이 낸다. 그것은 여성이 과실에는 관용하지만 부정에는 엄격하다는 것을 말해 준다.

출근 시간에 줄을 서서 지하철에 승차하는데 어떤 사람이 새치기를 할 경우 몹시 화를 내는 사람은 여성이다. 남성은 '정말 형편없는 친구로군' 하면서 체념해 버린다. 이처럼 남성은 부정에는 아주 약하다.

남성은 사소한 일로 화를 쉽게 내지만, 여성은 타인의 무모한 행동이나 규칙 위반에 대해서 몹시 분개한다. "정말 무례하군요!"라고 내뱉는 여성의 말에는 그런 의미가 담겨 있다. 그러나 남성은 그런 것들을 가볍게 생각한다. 아내가 "너무 하잖아요!"라고 화를 내도 남편은 빙긋 웃거나, "화 내지 마" 하면서 달랜다. 그것이 오히려 아내의 노여움을 더하게 하는 것이다. 아내는 "그런 것을 어떻게 그냥 보고 넘어가요"라고 화를 낸다. 남편이 화를 내지 않는 것에 아내는 더 화가 난다.

그러면 이런 미묘한 차이는 어디서 오는가? 여성은 타인의 무모한 행위나 규칙 위반 행동을 자기에 대한 공격이라고 보는 경향이 있다. 여사원의 엉덩이를 건드린 남성이 추행으로 고소당하는 것은 그런 이유 때문이기도 하다. 그런 무모한 행위를 전체 여성에 대한 공격으로 보기 때문이다. 이렇게 남녀 사이에 화를 내는 원인이 다른 것은 가정 교육의 차이에서도 온다. 남자 아이는 다소 공격적인 행동을 해도 부모로부터 꾸중 듣는 일이 거의 없다. 그것이 남성을 공격적으로 만드는 이유가 된다.

남자 아이가 친구에게 맞고 울면서 집에 들어오면 부모는 무의식중에 "사내인 주제에 맞지만 말고 너도 때려 주지 그랬어"라고 나무란다. 아이 때부터 이런 교육을 받아온 남성은 공격적인 성향을 갖게 된다. 그러나 자기보다 강한 자에게는 저항하면 안 된다는 나약한 정신도 아울러 배우는 것이다.

　여자 아이는 이것과는 다른 가정 교육을 받는다. 한 마디로 '착한 아이'로 자라도록 교육받는다. 부모로부터 '나쁜 아이가 되어서는 안 돼'라는 식으로 교육을 받기 때문에 규칙을 무시하는 행위나 무례한 행위에 대해서는 공격적인 성향을 갖는다. 규칙을 무시하는 반사회적 행위는 나쁜 사람이 하는 행위이기 때문이다.

　여성은 성인이 되어서도 '착한 아이'가 되려고 한다. 새치기·추행·스캔들·자연 파괴·부패에 대해서 몹시 분개한다. 그것은 사회 정의에 어긋나는 행위이기 때문이다. 여성은 좋은 행위와 나쁜 행위를 확실히 구별짓거나, 정의롭다고 생각되는 말은 주저 없이 한다. 남성은 좀처럼 하기 어려운 일들이다. 정의의 입장에 서서 그릇된 행위에 대해 분개하는 것이 여성의 특징이라고 할 수 있으나, 그것이 남편의 문제라면 남편을 난처하게 만든다.

　예를 들면 남편의 지방 전근이 사리에 어긋난다고 판단되면 동행을 거부한다. "아이들의 학교 문제도 있는데 그건 절대로 부당해요. 비인간적이에요"라는 아내의 거부감 때문에 복잡한 심정으로 남편 혼자 현지로 가게 된다. "그런 회사 그만둬요"라고까지는 말하지 않으나, 아내의 입장에서는 남편이 회사에 말 한 마디 못하는 연약한 남성으로 비쳐진다. 부부 싸움할 때 간혹 아내가 정의감을 내세우면서 남편의 사회적 인격을 부정하는 것은 이 때문이다.

　이 세상에는 선악이 분명히 구별되지 않는 애매한 점도 있고, 정의를 부르짖어도 곧 해결될 수 없는 것도 있다. 남성들은 현실의 애매함과 타협할 수밖에 없다고 생각한다. 이제 아내들이 정의감으로 이 세상을 바로잡아야 할 때가 된 것이다.

여성은 한꺼번에 폭발한다

"남성은 이유가 있어 화를 내지만, 여성은 화내고 싶어 화낸다"
라고 어떤 작가가 말한 적이 있다. 산중 날씨와 여자의 기분은 변
하기 쉬워 남성에게는 잘 이해되지 못할 때가 많다. 그러나 여성이
이유 없이 화를 잘 내는 것은 남성이 여성의 심리를 이해해 주지
않기 때문이다.

남성과 여성 중에 누가 화를 더 잘 내는가? 오히려 남성이 여성
보다 화를 더 잘 낸다는 것이 실험으로 밝혀졌다. 남성은 사소한
것에 화를 잘 내지만 여성은 그렇지 않다. 그렇다면 여성이 남성보
다 인내력이 더 강하다는 말인가? 그것은 정도 문제로서 여성은
가벼운 도발에는 화를 잘 내지 않지만, 강한 도발에 대해서는 화를
크게 낸다. 이런 미묘한 여성 심리를 남성은 모르고 있다.

남편의 행동이나 말이 가벼운 도발일 때는 그냥 넘어가지만, 계
속 반복되면 쌓였던 아내의 분노가 폭발한다. 그것을 눈치 못 채는
남편은 "여성은 화를 내고 싶어 화를 낸다"라고 놀린다.

남편들에게는 이런 경험이 있을 것이다. 아내가 쓰레기를 떨어뜨리면 남편은 아내와 쓰레기를 손으로 가리키며 "뭘 해, 떨어뜨렸잖아" 하면서 핀잔을 준다. 그러면 아내는 "자기가 좀 주워 봐요" 하고 말한다.

귀가하는 남편을 위해 지하철역까지 아내가 자동차로 마중을 나왔다. 급히 타려고 남편은 자동차 문을 열면서 입에 물고 있던 담배를 땅에 버리고 구두로 밟아 껐다. 그랬더니 아내가 운전석에서 남편과 담배를 번갈아 손가락으로 가리키면서 "불조심해요!"라고 한다. 남편은 순간적으로 화가 치밀어 오른다.

자기는 보통 아무 생각 없이 아내에게 곧잘 손가락질하면서도, 아내에게 그렇게 손가락질 받으니까 불쾌해진 것이다. 담배꽁초를 주워 재떨이에 버리긴 했지만, 남편의 얼굴에는 '왜 잘난 체하면서 손가락질이야!' 라는 표정이 노골적으로 드러난다. 그것을 보고 이번에는 아내가 화를 낸다. 남편이 아내를 손가락질하면서 주의를 줘도 보통 화를 잘 내지 않았기 때문에 자기도 아무런 생각 없이 남편에게 손가락질을 한 것이다. 그래서 남편은 화를 벌컥 내게 되고, 아내는 남편의 노여워하는 표정에 도발되어 더 화를 내게 된다.

그러면 남편은 '여자란 감정적이어서, 화내고 싶어 화낸다' 라고 생각한다. 남성과 여성 사이에는 그런 미묘한 견해차가 있다. 여성은 남성과는 다른 이유와 논리로 화를 낸다. 그 차이를 알아내는 것도 남성에게는 인생 공부가 된다. 정말 결혼은 인생의 연구실이다. 남녀가 혼합되면 여러 가지 지혜가 발견되지만, 실험에 실패하면 폭발 사고가 날 수 있다.

외계인과 살아도 이보다는 낫겠어

"도대체 무엇이 불만이야!"라고 남편이 아내에게 소리친다. 사소한 것이 싸움의 불씨가 되어 아내는 남편에게 "당신만큼 제멋대로인 사람은 이 세상에 없을 거에요"라고 대꾸한다. "어째서 내가 내 맘대로란 말이야. 월급은 꼬박꼬박 당신에게 주고, 모처럼 있는 휴일에는 아무리 피곤해도 쇼핑에 따라가잖아. 우리 집도 장만했고 당신은 테니스 클럽에도 다니잖아. 다른 사람 못지않게 생활하면서도 무엇이 불만이야. 당신보다 불행한 여자가 더 많다구." 아내는 조금도 양보하지 않고 더 큰 소리로 "내가 어디가 행복해요? 당신은 결혼 기념일을 한 번도 기억한 적도 없고, 약속은 밥먹듯 어기면서 뭐가 다른 사람보다 낫다는 말이에요?"

도대체 누가 옳다는 말인가? 심리학자는 "둘 다 옳습니다. 왜냐하면 남성과 여성은 미묘하게 다른 세상에 살고 있기 때문이지요"라고 말한다. 같은 곳에 있어도 남성의 눈에 비치는 세계와 여성의 눈에 비치는 세계는 다르다는 것이다.

어떤 장면을 촬영한 사진을 남성과 여성에게 보여 주고 누가 더 그것을 정확하게 기억하고 있는가를 비교한 심리 실험이 있다. 사진에는 두 사람의 남자가 주차장에서 싸우고 있는데, 그 옆을 지나가던 남성이 싸움을 말리려고 그들 사이에 뛰어들고, 한 여성이 도움을 청하기 위해 전화를 하러 가는 장면이 찍혀 있었다.

이 사진을 보여 준 뒤에 사진 장면을 기억하게 했더니, 똑같은 사진을 보았는데도 기억하고 있는 장면에 차이가 있었다. 남성은 싸움을 하는 남성들의 특징과 부근에 서 있던 자동차 등을 잘 기억했지만, 여성은 도움을 청하러 간 여성의 복장과 특징을 잘 기억하고 있었다. 이처럼 같은 장면을 보고도 남녀 사이에는 기억하고 있는 장면에 차이가 있다는 것을 알 수 있다.

부부 싸움도 바로 여기에 원인이 있다. 남편은 아내에게 잘해 준 것만 기억하면서 아내가 만족해하고 있다고 생각한다. 그러나 아내는 결혼 기념일을 잊어버린 남편, 약속을 어기는 남편만을 기억하여 결혼 생활에 불만을 갖는다. 이 차이를 모르면 부부 싸움은 더 커진다.

창 밖을 거니는 미인을 보고 남편은 감탄한다. "참 미인이야. 바람에 날리는 머리카락, 반짝이는 저 눈." 아내도 감탄한다. "참 멋있어. 바람에 흔들거리는 저 순금 귀고리, 반짝이는 저 다이아몬드 반지. 한번 가져봤으면 원이 없겠어."

이렇게 같은 지붕 아래 살고 있어도 부부의 눈에 비치는 경치는 미묘하게 다르다. 곧 남녀의 시각에 차이가 있다는 것을 알면 부부 싸움을 해도 금방 화해하고 서로를 이해하게 될 것이다.

여성은 해방을 원하는가?

    남녀간의 성적 차별에서 가장 두드러진 것은 뭐니뭐니 해도 생물학적인 차이, 곧 아이를 낳는 여성과 아이를 낳지 못하는 남성 사이의 차이다. 또한 인류 속에서 남녀는 서로의 역할을 분담해 왔는데, 특히 원시 사회에서는 그 경향이 아주 뚜렷했다.

    224개의 사회를 조사한 연구에 따르면, 요리나 물긷는 것, 청소 등 가사로 분류되는 일은 거의 모든 사회에서 여성이 하는 일로 되어 있고, 수렵이나 전쟁 등 큰 힘을 써야 하는 일은 남성이 하는 일로 되어 있다. 곧 집 밖에서 남자가 노동을 하고, 집 안에서 여성이 가사를 돌본다는 것은 인류 사회에 공통된 역할 분담으로 극히 자연스런 것이다.

    그러나 반드시 그래야만 된다는 것은 아니다. 사실과 신념은 다르기 때문에 남녀가 꼭 같은 일을 해도 잘못된 것은 아니며, 그것을 실제로 채용하는 사회도 있다. 이스라엘의 생활 공동체 조직인 키부츠가 그러한데, 이 곳에서는 철저하게 남녀 평등의 노동 방식

을 채용하여 남녀 차를 없애 버렸다.

식사는 공공 식당에서 하기 때문에 여성은 취사에서 해방되었고, 아이도 공동 보육 시설에서 길러졌다. 그리고 여성도 남성과 마찬가지로 밭에서 일하고 트랙터를 운전했다. 남성도 여성과 마찬가지로 부엌이나 세탁장에서 일했다.

완전한 남녀 평등의 실현, 곧 여성 해방의 실현이다. 그러나 여기서 30년 동안 생활한 여성들은 오히려 '해방' 되지 않는 편이 더 좋겠다는 느낌을 갖기 시작했다. 또한 아내가 불행하다는 이유 때문에 키부츠를 뛰쳐나온 부부가 속출했다. 가사와 육아로부터의 해방이 오히려 여성에게 불만을 갖게 한 것이다.

그 이유는 무엇인가? 완전한 남녀 평등으로 출발한 키부츠지만, 얼마 안 가서 그것은 여성에게 너무 힘든 중노동임을 알게 되었다. 그래서 여성은 트랙터 운전과 곡식 추수 같은 일에서 손을 뗐으며, 임신한 여성은 야채 밭에서 장시간 일하지 않아도 되었다. 또한 어머니는 아이에게 젖을 주기 위해 영아원 옆에서 일하게 되었다.

여성이 임신해서 출산하게 되면 생산 부분이 아닌 서비스 부분에서 일을 했는데, 생산 부분의 빈 자리는 남성이 담당했다. 그 결과 자연히 여성은 서비스 부분인 세탁 · 요리 · 교육 · 아이 돌보기 등으로 하루 8시간씩 시간을 보내게 되었다. 이것은 전통적인 가사보다도 더 지루하고 어려운 일이어서 여성의 불만이 대단했다.

그러므로 완전한 여성 해방을 실현하기 위해서는 여성을 출산과 육아에서 해방시키는 대개혁을 하지 않으면 안 된다.

예를 들면 아내가 아이를 돌보는 동안 남편이 아내 몫의 일을 같이 한다거나 아이를 돌보는 것에 대한 비용을 지불할 정도의 발상 전환이 요구되는데, 그렇게 되기 위해서는 정치 · 경제적인 대개혁이 요구된다. '하루아침에 그렇게 되는 것은 아니다'라고 남편들은 생각할 것이다. 남녀간의 마찰을 해소하기 위해서는 정치와 경제, 사회 전체의 대전환이 필요하다.

"그런데도 어째서 여성들은 남편만을 나무라고 사회 제도를 비판하지 않는 거야? 나만 나무란다는 것은 내가 만만하단 말이지"라면서 남편들은 투덜댈 것이다. 그러면 아내들도 되받아 말한다. "내가 해방되고 싶은 것은 모든 남성에게서가 아니라 바로 당신으로부터예요."

남녀의 갈등 상황 대처법

아래의 남성과 여성의 대화는 어떤 조사에서 밝혀진 전형적인 대화의 예다. 여성이 이런 행동을 한다면 남성은 어떤 행동을 취할까?

1 **여성** (아무 말도 하지 않고 토라지거나 운다.)

    남성 왜 화났어……, 울지마.

2 **여성** 그게 나를 얼마나 속상하게 하는지 알고나 있어요?

    남성 감정적으로 그러지마. 마음을 가라앉히고 차분하게 서로 얘기해 보자.

3 **여성** 당신을 정말 모르겠어. 내가 더 이상 어떻게 해야 할지 모르겠어.

    남성 좀 객관적으로 생각해 봐.

4 **여성** 왜 당신은 언제나 자기 방식대로만 하려고 해요?

    남성 지금 회사 일로 머리가 꽉 차 있어. 그럴 여유가 없어.

위의 대화에서처럼 남성과 여성에게는 사고의 차이가 있음을 알수 있다. 이런 사고의 차이가 서로에게 '불에 기름을 끼얹는' 결과를 부르는 경우가 많다. 갈등 상황에서 남성과 여성은 각각 어떤 행동을 하게 되는지 알아보자.

여성의 특징이라고 생각되는 것은,
① 타인에게 의존하려는 경향이 강하다.
② 마음에 상처받기 쉽다.
③ 문제점을 해결하고, 서로의 기분을 이해하기 위해 대화할 필요를 느낀다.
④ 남성이 자기와 함께 고민해 주지 않는 데 불만을 느낀다.
특히, 여성은 ③과 ④를 강조한다.

남성의 특징이라고 생각되는 것은,
① 여성에게 간섭받기를 싫어한다.
② 자기가 하는 일에서 벗어나려 한다.
③ 자기는 판단력이 있다고 생각한다.

남성은 자기의 능력을 과시함으로써 여성에게 간섭받기를 싫어하고, 골치 아픈 것을 뒤로 미루려고 한다. 그래서 여성은 "왜 빨리 나에게 말해 주지 않았어요"라고 남편이나 연인을 나무란다. 남성과 여성이라고 해도 천차만별이므로, 한 패턴으로 대응하는 것은 금물이다. 그러나 패턴을 적절히 응용한 말다툼을 계기로 새로운 사랑과 인간 관계가 싹틀 수도 있다.

남자도 가끔 여자처럼
재잘거리고 싶어한다

　미국의 사회 언어학자인 다넨(R. Danen)이 분석한 대화 속에
나타나는 남성과 여성의 사고 방식의 차이를 살펴보자.

　"여성은 끈질기다"라든가 "여성은 수다쟁이", "여성은 쓸데없는
것을 잘 기억한다"라고 남성은 말한다. 남성은 왜 이런 식으로 여
성을 야유하는 것일까?

　아내는 남편에게 '~하세요'라든가, '~을 잊지 마세요'라고 몇
번이고 반복해서 다짐해 두면 남편이 아내의 말을 따를 거라고 믿
는다. 그러나 남편은 다짐받은 것을 즉시 실천하려고는 하지 않는
다. '아내가 시켜서 했다'라는 생각이 들면 기분이 좋지 않아 건성
으로 대답하기만 한다. 자유 의사에 따라 행동했다고 믿고 싶기 때
문이다. 그래서 남성은 계속 건성으로만 대답하고, 여성은 끈질기
게 다짐하는 악순환이 반복된다.

　남녀 한 쌍이 드라이브를 하고 있다. 여성이 조수석에서 "이 길,
틀린 거 아니에요?"라고 말한다. 남성은 "아니야"라는 한 마디뿐

이다. 여성은 "어쩐지 방향이 틀린 것 같은 기분이 들어요"라고 다시 지적한다. 그랬더니 남성이 갑자기 급브레이크를 밟고는 공터에 차를 세운다.

"시끄럽게 왜 그래. 싫으면 내려!"

"도로 번호가 틀린 것 같은데요……"라고 여성이 말한다.

"그렇지 않아"라고 남성은 화를 낸다.

다넨에 따르면, 여성에게 대화란 '공동의 문제를 협력하여 해결하는 수단'이지만, 남성에게는 '투쟁의 한 형태'다. '틀렸다'라는 말을 들으면 남성은 '방향 음치거나, 주의력 없는 사람이라는 평을 받았다'라고 생각한다. 반면 여성은 '뭔가 도움이 될까 해서 말했는데'라고 서운한 생각을 갖는다.

이것은 반드시 '여성보다 우위에 서고 싶다'라는 생각을 가진 남성의 습성 때문이 아니라, 남성과 여성 사이의 차이를 모르고 오해함으로써 생긴 결과다.

여성의 전화는 길다. 왜 특별한 볼일이 없으면서도 그렇게 말이 많을까? 남성은 '전화는 필요한 것을 전하는 도구'라고 생각하기 때문이다. 용무가 끝나면 바로 전화를 끊는다. 여성은 '전화는 서로의 감정을 통하기 위한 도구'라고 생각한다. 그래서 끝날 듯 끝날 듯하면서 계속 통화는 이어진다. 남성도 '여성처럼 긴 전화나 재잘대는 말을 하고 싶지만 할 수 없다'라는 양면 가치 감정(兩面價値感情)에서 여성을 질투하는 것인지도 모른다.

여자가 남자보다 성적 쾌락을 더 즐긴다?

"소설 같은 것을 읽을 때면 여성의 성감이 어떤지 알고 싶을 때가 있어. 우리 남성과는 달리 아주 강렬한 것 같기도 하고, 공중에 둥둥 뜨는 듯한 느낌인 것 같기도 하고……"라며 남성들은 호기심 어린 목소리로 말한다.

알 듯 말 듯한 목소리로, "그에 비하면 남성의 쾌감이란 그리 대단한 것이 못되는 것 같아. 소리를 내는 것도 아니고 그저 그러다가 끝나고 말아."

남성들은 이 말에 공감이 갈지도 모른다. 남성이 느끼는 쾌락이란 대체로 사정 순간의 1, 2초 정도지만, 여성의 절정은 5, 6초 가량 지속된다고 한다.

아무튼 남성에 비해 여성이 성감이 더 높고 오래 지속되는 것은 사실이다. 그러나 한 심리학자는, "여성의 성 반응은 겉으로만 그렇게 보일 뿐이지, 자세히 살펴보면 남녀 모두 쾌감의 정도는 비슷합니다"라고 믿을 수 없는 말을 한다. 아무리 생각해 봐도 남성이

　여성의 성감에는 도저히 당할 수 없을 것 같아 그 말에 이의를 제기하니까, 심리학자는 냉소를 지으며, "어떤 근거에서 그렇게 말하죠? 경험적인 억측 아닙니까? 믿지 않으실지 모르지만, 연구에 따르면 성감에는 남녀 차이가 없다는 것이 상식으로 되어 있습니다"라고 반문한다. 실험으로도 그것이 증명되었다니 정말 놀라운 일이다.

　미국의 심리학자인 엘렌(E. Ellen)과 나다니엘(S. Nachaniel)은 젊은 남녀를 대상으로 오르가슴(절정감)에 대한 남녀 사이의 느낌의 차이를 문장으로 묘사하게 하여 조사해 보았다.

　다음에 제시하는 문장은 남녀의 절정감을 묘사한 것이다. 어느 것이 남성의 표현이고 어느 것이 여성의 표현인지를 잘 읽고 판단해 보기 바란다.

① 여러 가지 긴장 중에서 최고의 해방감을 맛보는 듯한 절정감이 느껴진다. 그것만큼 즐겁고 최고로 충족되는 경험은 없을 것 같다.

② 육체적·정신적으로 강한 만족감이 느껴진다. 도저히 말로는 표현할 수 없을 만큼 좋은 기분이다.

③ 중압감이 강하게 느껴지고, 마치 성기의 피부 밑에서 뭔가가 밀려드는 듯한 느낌이 든다. 성기가 수축되고 나니까 긴장이 일시에 사라지고, 해방감과 편안함이 느껴진다.

④ 지옥과 같은 강한 열이 천국으로 스며드는 듯한 느낌이다. 환희가 차츰 무르익더니, 드디어 큰 환희가 한꺼번에 해방되는 듯한 느낌이 든다.

이 네 문장에 대한 나 자신의 판단은 다음과 같다.

① '긴장'과 '해방'이라는 표현으로 보아 남성의 쾌감을 묘사한 것으로 여겨진다.

② 남성의 정복감과 달성감이라고 생각된다.

③ 남성의 사정 때라고 생각된다.

④ 절정에 이르는 여성의 성감 곡선이라고 생각된다.

그러나 앞의 세 가지(①~③)는 여성의 오르가슴(절정감)을 묘사한 것이고, 마지막 것(④)만이 남성의 오르가슴을 묘사한 것이었다.

나의 추측은 보기 좋게 빗나갔으나 무리는 아니다. 이 문장들을 산부인과 의사와 심리학자와 같은 전문가에게 보여 주고, 어느 것이 남성이 쓴 문장이고 어느 것이 여성이 쓴 문장인가를 분류하게 했더니 역시 어려워했다. 전문가라도 남녀의 절정감을 묘사해 놓은 것을 구별하는 것은 쉽지 않은 것 같다. 남성과 여성은 모두 같은 쾌감을 체험하므로 그 구분이 쉽지 않다고 할 수 있다.

극적인 쾌감은 남녀 모두 성기와 근육의 수축에서 일어난다. 남성은 강한 수축(사정)과 약한 수축이 번갈아 일어나고, 여성은 약한 수축만 일어난다. 남성은 사정하는 순간의 강한 수축에만 집중하기 때문에 곧 약한 수축은 잊어버리지만, 여성은 약한 수축을 모두 기억한다. 따라서 여성의 쾌감이 더 강한 것처럼 생각되기 쉽다.

남성은 사정할 때의 강한 수축 외의 수축에서 느껴지는 쾌감을 잊어버리고는 오랜 시간 동안 지속되는 여성의 쾌감을 부러워한다.

"섹스가 최고로 훌륭한 즐거움이라고 생각하는가?"라는 질문에 대해 "그렇지 않다"라고 대답한 남성은 35%였지만, 여성은 25%밖에 되지 않았다. 다시 말하면 여성의 75%는 성행위를 최고의 즐거움이라고 생각하지만, 남성은 65% 정도밖에 그렇게 생각하지 않는다는 것이다. 일반적으로 알고 있는 사실과는 다르게 여성이 10% 정도 남성보다 성행위를 더 좋아한다고 할 수 있다.

그렇다고 여성을 호색한이라고만 할 수 없다. 여성은 성행위에 큰 가치를 두나 남성은 여성만큼 큰 가치를 두지 않기 때문에 쉽게 돈으로 성행위를 사려고 하여 사회적으로 문제가 되기도 하는 것이다.

알코올은 성욕을 자극하는 촉매

술은 묘한 음료다. 셰익스피어도 그의 저서인 『맥베스』에서 '술은 욕망을 부추기기는 하지만 실행은 방해한다'라고 말한 바 있다. 그러나 남성들은 술과 섹스의 조합을 최고의 쾌락이라고 믿는 경우가 많다.

술은 성감을 증대시키는 것인가, 아니면 마비시키는 것인가?

알코올과 섹스의 관계에는 약리학과 심리학의 복잡한 문제가 뒤얽혀 있어 좀처럼 이해하기 어렵다. 알코올은 흥분제가 아니라, 실제로는 중추 신경계에 작용하는 진정제다. 뇌에 끼치는 술의 약리 효과는 불안을 감소시켜 심리적 억제를 없애 준다. 그래서 마음은 대담해지지만 육체적으로는 마비 상태가 된다.

소량의 알코올은 성욕을 자극하지만 남성의 실행 능력에는 거의 영향을 주지 못한다. 양을 늘릴수록 성욕은 더욱 자극되지만, 발기력의 유지가 떨어져 욕망을 채울 수 없게 된다. 거기에서 양을 더 늘리면 성욕도 발기력도 떨어지게 된다.

그러나 여성은 섹스 상대가 마음에 들면 소량의 알코올로도 억제력을 잃게 되어 성욕이 높아진다. 조사에 따르면 100명 중 7명의 여성이 알코올로 성 충동을 느낀다고 한다. 술은 억제력을 줄여, 여성의 욕망에 불을 지핀다.

또 20명의 젊은 여성을 대상으로 음주 뒤의 성감을 조사해 본 결과, 12명이 알코올로 더 관능적으로 되었다고 보고했다. 섹스를 하기 전에 마시는 술이 남성의 발기력을 약하게 하는 것만큼, 여성은 더욱 관능적이 되므로 성감은 벌충되는지도 모른다.

그러나 그것은 그렇게 단순한 문제는 아니다. 알코올이 여성의 성감에 주는 영향을 엄밀하게 조사해 보면, 알코올에 최음 효과는 없다. 이것이 알코올의 최음 효과를 둘러싸고 약리학과 심리학이 대립하는 부분이다.

젊은 여성에게 위스키를 섞은 주스를 마시게 하고는 포르노 영화를 보여 주면서 생리적인 반응을 조사한 심리학 실험이 있다. 이 주스를 세 잔에서 여섯 잔까지 마신 여성은 확실히 오르가슴 반응이 약해졌다. 알코올이 중추 신경 조직의 작용을 마비시켰기 때문이다. 그러나 이상하게도 그 주스를 여섯 잔 이상 마신 여성은 성적 자극과 오르가슴의 환희가 보통 때보다 훨씬 더 강해졌다는 것이다.

또 정상적인 남성과 노출증 남성에게 에로틱한 영화를 보여 주고 발기의 정도를 조사한 실험도 있다. 영화 속에서 젊고 매혹적인 여성이 수영복을 입고 나와 유혹적인 포즈와 에로틱한 연기를 보여 준다. 이 화면을 보고 정상적인 남성과 노출증 남성은 모두 발기했지만, 그 다음 장면에서는 차이가 나타났다.

그 다음 장면은 여성이 평상복을 입고 뜨개질을 한다든지, 청소나 다림질 등의 집안일을 하는 일상적인 장면이었다. 정상적인 남성은 무반응이었지만 노출증 남성은 발기했다. 정상적인 남성은 여성이 성적인 신호를 보내면 흥분하지만 성적인 신호를 보내지 않으면 성욕을 억제한다. 그런 점에서 보면 노출증 남성은 성적 신호를 읽어 내는 데 결함이 있음에 틀림없다.

왜 여성에게는 성적 일탈자가 적은 것일까? 여성은 육아나 가사에 전념하므로 사회에 위협을 주는 성적 행동에는 관심이 없다는 것이 그 원인이 될지도 모른다. 남성의 성 충동은 테스토스테론(남성 호르몬)으로 증가되는데, 그것은 공격적인 심리에서 더 많이 분비된다. 다시 말하면 남성의 성 충동은 폭력과 연관된다고 할 수 있다. 테스토스테론은 적개심을 부추기고, 승리의 기쁨에 젖어 있을 때 대량으로 분비된다. 운동 선수는 많은 관중의 응원을 받으면 대량의 테스토스테론이 분비된다. 남성이 대량의 테스토스테론을 분비할 때 함께 있는 여성은 조심해야 할 것이다.

성욕은 말하자면 식욕과도 같은 것이다. 배가 고플 때 밥 한 순가락으로 공복이 채워질 수가 없듯이, 눈으로 보고 냄새를 맡고 입에 넣었을 때 비로소 '맛있다!' 라는 느낌을 갖게 된다. 그리고 두 순갈, 세 순갈, 나중에 배가 부르게 되면 오히려 밥 먹는 것이 괴로워질 수도 있다. 그런 점에서 남녀 모두 성행위를 할 때 고도의 기술 같은 것은 필요 없다. 자연스런 성교만큼 쾌감을 주는 것은 없다. 그러나 남성은 테크닉에만 집착해서 여성이 정서적으로 무르익기도 전에 독선적으로 일을 끝내 버림으로써 여성의 경멸을 받게 된다.

남자가 하면 일 중독
여자가 하면 프로 의식?

부부가 함께 백화점에서 쇼핑을 하고 있는데, 최신형 컴퓨터가 진열장에 놓여 있는 것이 남편의 눈에 띄었다. 남편은 급히 다가가 자세히 보면서 "이번에 우리 사무실에 컴퓨터를 새로 사려고 하는데……." 아내는 얼굴 표정을 찌푸리면서 "일요일도 사무실 이야기에요. 일에 무슨 중독이나 된 것처럼."

그러나 직장 여성인 아내가 컴퓨터 이야기를 꺼냈다고 하자. 이번에는 남편이 "쇼핑 와서도 사무실 이야기야?" 그러면 아내는 비위가 상하여 "프로 의식이라고 말해 줘요!"라고 톡 쏜다. 같은 말이라도 남성이 하면 '일 중독'이고 여성이 하면 '프로 의식'이다.

일에 대한 이미지는 남녀 사이에 미묘하게 다르다. 목적 또한 서로 다르다. 무엇 때문에 일을 하느냐고 물으면 여성은 돈은 별로 중요하지 않다고 대답하는 경우가 많으나, 남성은 돈 때문에 일한다고 하는 경우가 더 많다.

그렇다면 여성은 무엇 때문에 일을 하는가? 여성이 가장 관심을 갖는 것은 인간 관계다. 금전적인 보수보다 사회적인 보수를 더 중요시한다. 직장에서 대우받거나, 주위 사원으로부터 인정받기를 바란다. 지위나 급료가 오르지 않는 것보다 인간 관계가 원만하지 못하면 일에 재미를 붙이지 못한다. 여성은 급료 때문이 아니라 사람 때문에 일한다.

그렇다면 여성에게 직장이란 무슨 의미를 갖는가? 여성에게 직장은 인간 활동에 참여할 수 있는 장이다. 여성에게 직장은 참가 의의를 갖게 하고, 남성에게는 성취감을 갖게 한다. 남성과 여성이 직장에 대해 갖는 의미는 프로 스포츠 대회와 올림픽 대회 정도의 차이가 있다.

아내가 직장에 나가고 싶다고 하면 남편은 "내가 버는 돈으로는 경제적으로 어렵다는 말이지. 일하러 나갈 필요가 뭐 있어?"라고 말하지만 그것만큼 설득력 없는 말은 없다.

결국 아내가 가정 생활에 싫증이 났다는 것이다. 물론 아내는 끝까지 겉으로는 '돈 때문에, 생활 때문에'라고 주장한다. 아내는 날마다 올림픽에 참가하는 기분으로 회사에 나가고, 남편은 프로 선수의 심정으로 출근 버스를 탄다.

남편은 이렇게 말하고 싶어진다. '이젠 나도 일에 싫증났으니 우리 서로 교대하자구. 내가 가사를 전부 맡고 취미 생활을 할 테니, 이젠 당신이 나가서 일해.'

처절하게 일하는 남성들

"남자는 모두 엄살쟁이에요. 말을 꺼냈다 하면 피곤하다를 연발하는데, 여자도 놀고 있는 게 아니잖아요"라고 결혼 10년째인 아내가 불만을 늘어놓는다. 남편의 '일 때문에 힘들다'는 말이 직장 경험이 있는 아내에게는 엄살처럼 들린다.

"나도 예전에 직장 생활을 해봤으니까 잘 알아요. 일, 일 하지만 남성은 모두 일에 질질 끌려다닌다니까요. 그러니 언제나 피곤할 수밖에요." 아내는 남편의 일과 피로는 대단한 것이 아니라고 생각한다. 그러나 그것은 큰 착오다.

같은 일을 해도 남성과 여성이 느끼는 피로감은 서로 다르다. 직장에서 겪는 스트레스의 영향은 겉으로는 좀처럼 알아보기 힘들다. 소변으로 배설되는 물질을 과학적으로 조사해 본 연구가 있다.

스트레스가 없는 상황에서 소변을 검사해 보면 남성과 여성 모두 스트레스의 지표가 되는 아드레날린을 비슷하게 배설한다. 곧 스트레스가 없는 상황에서는 남성과 여성 사이에 차이가 없다.

그러나 남녀에게 지능 테스트를 시킨 뒤에 소변 검사를 해보면 남성이 여성보다 많은 아드레날린을 배설하는 것을 알 수 있다. 같은 일을 해도 남성이 스트레스를 더 강하게 느끼는데, 그 차이는 어디에서 오는 것일까? 유감이지만 그 원인은 밝혀진 것이 없다.

아래의 내용은 어느 유능한 사원의 주장이다.

남자에게 경쟁은 기본이다. 정해진 시간 내에 일을 처리하지 않으면 안 된다. 이것은 지상 명령과도 같다. 그것을 못해 내면 무능하다는 낙인이 찍혀 경쟁에서 완전히 탈락한다. 사람이 부족하다거나 시간이 부족하다는 말은 핑계에 지나지 않는다.

그러나 여성은 어디 그런가? 남자보다 경쟁 의식이 적기 때문에 사람 손이 모자라면 모자란다는 말을 확실히 할 수 있다. 이런 자기 주장을 남자는 할 수가 없다. 무의식적으로 시간과 경쟁하기 때문에 남자는 쉽게 지치게 된다.

남성에게 일이란 시간과 사람과의 경쟁을 의미하지만, 여성에게 일이란 인간 관계를 위한 교제에 더 큰 의미를 둔다는 것이다. 그래서 남성이 스트레스를 더 많이 느낀다는 것이 그 사원의 주장이다. 이것이 사실인가? 확실히 경쟁심은 남성이 더 강하다. 여성은 일할 때 남성에 비해 경쟁심을 적게 갖고 일을 한다.

그러나 남성은 동료나 능력이 뛰어난 사람과 경쟁하려는 심리를 갖고 있다. 남성은 자기보다 우수한 사람에게 도전해야 하므로 그만큼 스트레스를 더 많이 느낀다. '여성은 승산이 있을 것 같은 경쟁만 하므로 그만큼 스트레스는 적다' 라는 것이 남성의 주장이다.

아내가 '피곤하다' 를 연발하는 남편을 비난하는 것은 상상력의 부족이라는 것이다. 남성은 '일' 이라는 소리만 들어도 부담을 느껴 피로해진다고 하면 지나친 말이 될까?

주부들은 텔레비전 드라마에 나오는 샐러리맨을 통해 남편이 어떻게 일하는지를 추측하기 때문에 그렇게 말할지도 모른다. 텔레비전에 등장하는 샐러리맨은 대부분 일이 끝난 뒤에는 한잔하거나, 업무 시간에 손님과 커피숍에서 사적인 얘기를 나누거나, 아니면 동료들과 잡담을 나누는 일밖에 하지 않는 듯하다. 땀을 뻘뻘 흘리면서 일을 열심히 하는 장면 같은 것은 거의 나오지 않는다.

한 드라마 연출자는 "샐러리맨의 평범한 근무 모습은 시청자에게 큰 흥미를 주지 못합니다"라고 말한다. 정말 남성이 하는 일은 사람들에게 흥미를 주지 못하고 아내에게조차 이해받지 못하는 것이다.

일하는 방식으로 알 수 있는
남녀의 성차

"만일 사회에 진출하는 여성이 계속 늘어나 나라와 회사 모두를 여자가 지배하면 어떻게 될까? 정말 놀랄 정도로 바뀌겠지"라고 독신 남성이 말하니까, "놀라는 것은 자네뿐일 거야"라고 과장이 씁쓸한 표정으로 말한다. "아무것도 바뀔 게 없어. 회사에 있어도 집에 있는 것 같은 기분이 들 테니까." 그러나 농담이 아니라 현실적으로 그렇게 변해 가고 있다.

직장에는 여사원이 늘어 예전의 사무실 분위기와는 많이 달라졌다. 그렇지만 남녀 사이의 일 처리 방법에는 차이가 있다.

유치원 아이에게 지능 테스트를 실시한 실험이 있다. 테스트 내용이 차츰 어려워지는 실험인데 어려워질수록 남자 아이와 여자 아이 사이에는 문제를 푸는 방법에 차이가 있었다. 어렵고 새로운 문제가 나오면 남자 아이는 자기 나름의 방법을 찾으려고 애쓰지만, 여자 아이는 그런 적극성을 보이지 않고 손을 놓아 버린다.

직장에서도 장벽에 부딪치면, 남성은 분기하여 도전하지만 여성은 오히려 정신적으로 해이해지는 경향이 있다.

3세에서 9세 사이의 아이들에게 또 한 번 같은 테스트를 시켰다. 전에 풀어본 문제 가운데 다시 풀고 싶은 문제를 마음대로 선택하게 했다. 그랬더니 남자 아이들은 전에 풀지 못했던 문제에 재도전했지만, 여자 아이들은 전에 풀었던 문제를 다시 푸는 경향이 있었다.

실험을 통해 여성은 한 번 성공한 것을 다시 반복하기를 좋아한다는 결론이 나왔다. 한 번 성공한 것을 두 번, 세 번 반복해도 싫증을 내지 않는다. 그러나 남성은 곧 싫증을 낸다.

여대생에게 어려운 작업을 시키는 실험에서 "당신의 작업 결과는 좋지 않다"라고 혹평하자, 여성은 그 작업에 흥미를 잃어 실행력이 떨어졌다. 그러나 아무런 평가를 받지 않은 여성은 작업에 대한 흥미나 실행력이 떨어지지 않았다.

일 처리 능력이 형편없다는 평가를 받으면 남성은 흥분하거나 반성하지만, 여성은 일에 흥미를 잃고 일하기를 싫어한다. 이런 남녀의 성차를 우리는 지나쳐 버리기 쉽다.

어떤 중년 여성은 "나는 다림질은 절대 하지 않습니다. 전부 세탁소에 맡깁니다. 왜 그러냐고요? 결혼한 지 얼마 안 되어 남편이 '당신 다림질 솜씨는 형편없어'라고 말을 했거든요. 그러고는 남편이 스스로 다림질하는 법을 보여 주었는데 실제로 나보다 솜씨가 훨씬 좋았어요. 그래서 그 뒤로는 다림질하기가 싫어졌어요"라고 말한다.

남편이 아내가 만든 요리를 '맛없다'거나 '형편없다'라고 평가하면 아내는 상당히 기분이 상한다. 경우에 따라서는 요리 만드는

것 자체가 고통스럽다는 아내도 있다. 아내는 요리 학원의 선생도 아니고 또 음식점에서 식대를 지불한 것도 아니다. 곧 부주의한 남성의 말 한 마디가 아내로 하여금 가사에 대한 흥미를 잃게 만든다.

　여성이 많이 늘어난 직장 분위기를 어떤 중견 회사원은 이렇게 말한다.

　"여사원이 늘어난 덕분에 일은 아주 편해진 것 같습니다. 회사 일은 집안일과 비슷합니다. 취사·세탁·청소와 마찬가지여서 날마다 반복되는 일을 여사원들이 회사의 주부처럼 잘 해줍니다만……"라고 말끝을 흐리며, "휴식 시간에 쓸데없는 말로 무능한 남자 사원을 세탁하는 것만은 좀 안 했으면 합니다"라고 한 마디 덧붙인다.

일하는 모습에 드러나는
사람의 성격

    요즘 젊은 층의 의식을 조사해 보면 여가 시간을 이용하여 취미 생활을 하면서 살아가고 싶다고 대답하는 사람이 부쩍 늘었다. 그러나 어쨌든 봉급 생활자는 대부분의 시간을 직장에서 보낼 수밖에 없다.

    직장에서 함께 오래 생활하다 보면 아무리 억제하려 해도 자기의 성격이나 행동 양식 등이 일하는 모습에 나타나게 되어 '저 사람은 타협을 허용하지 않는 냉철한 사람'이라든가, '우유부단한 사람'이라는 평가를 받게 된다.

    그런 일반적인 성격이나 인품뿐만 아니라 본인이 눈치 채지 못하는 욕구까지도 일하는 모습에서 드러난다. 어느 직장이나 마찬가지지만 어떤 사람의 성격을 파악할 때 가장 유효한 척도 중의 하나는 책임 있게 일을 수행하는가 하는 것이다. 융(C. G. Jung)은 심적 에너지가 외부로 향하는가 아니면 내부로 향하는가에 따라 외향성 성격과 내향성 성격으로 분류했다. 그의 학설에 따르면 어

떻게든 일할 기회를 잡으려는 사람은 외향적 성격이고, 일을 맡기 전에 책임부터 먼저 생각해 주저하는 사람은 내향적 성격이다. 책임을 지는 방법의 차이는 일의 결과가 나왔을 때, 특히 실패로 끝났을 때 더욱 뚜렷하게 나타난다.

　모든 것을 자기 책임으로 돌리는 타입이 있다. 곧 '우체통이 붉은 것도 하늘이 파란 것도 모두 내 잘못'이라는 심리 상태다. 이러한 '자책'이 너무 심하면 노이로제에 걸리게 된다. 로젠츠바이크(F. Rosenzweig)는 이런 사람을 내벌적(內罰的) 반응형이라고 규정했다.

　반대로 책임을 모두 다른 원인에 결부시켜 자기 책임에서 벗어나려는 사람이 있다. 소위 외벌적(外罰的) 반응형인데, 같은 팀 동료들에게 폐를 가장 많이 끼치는 타입이다.

　또 실패의 원인을 잘 분석하여 자기에게 책임이 있다고 생각되면 책임을 지고 외부에 책임이 있다고 생각하면 그것에 책임을 돌리는 사람은 비벌적(非罰的) 반응형이다. 이것은 어디까지나 이상적인 인간상으로, 어느 쪽을 선택하든 자기가 저지른 실패의 결과를 줄이려 한다. 그렇게 하지 않고서는 엄격한 기업 전선에서 살아남기가 힘들다.

그러나 이런 실패가 원인이 되어 노이로제에 걸려 회사를 그만둬 버리는 사람도 있다. 이런 사람은 나약한 성격의 소유자로서, 욕구 불만을 견뎌내는 힘이 약하다. 또 과잉 보호를 받고 자라 실패 때문에 강한 욕구 불만을 느끼고 정신적 붕괴에까지 이르는 사람들이 많은데, 그것은 핵가족화가 이루어짐으로써 과보호 가정이 늘어났기 때문이라고 할 수 있다.

또 실패에 따라 차츰 능력이 감퇴되는 현상은 심리학에서 말하는 '퇴행 현상(退行現象)'의 하나다. 그것은 자기 능력에 대한 자신감이 없을 때 실제 능력보다 한두 단계 아래로 되돌아가서 문제를 해결하려는 것을 말한다.

실수를 했을 때 외향적인 사람이라면 술을 마신다든지 친구와 만난다든지 해서 욕구 불만을 해소할 수 있으나, 내향적인 사람은 마음속에 고민을 쌓아두기만 하면서 퇴행 행동을 거듭하게 된다.

결혼식은 신부의 장례식이자 부활식

결혼식은 독신 시절의 종지부를 찍는 이별의 이벤트다. 결혼식은 독신 생활과 고별하는 예식으로서, 신랑과 신부가 인생에서 단 한 번 스타가 되는 순간이므로 누구나 결혼식을 호화롭게 치르고 싶어한다. 그것이 결혼을 망설이게 하는 원인이 되기도 한다. 결혼식이란 도대체 무엇인가?

결혼식에서 가장 의미 있는 순간은 결혼식이 끝난 뒤 신부가 옷을 갈아입을 때다. 옷을 갈아입는다는 것은 신부가 흰 옷에서 평상복으로 갈아입는 것을 말한다.

신부는 흰색 의상에서 다른 색 의상으로 갈아입는데 그 이유는 무엇인가? "신부가 머리에 쓰는 흰 천과 흰 옷은 본래 상복으로, 결혼식은 신부의 장례식이다"라고 말하는 민속학자의 말처럼 옛날 상복은 모두 흰색이었다. 왜 축복받는 결혼식이 장례식이란 말인가? 그렇다면 결혼은 인생의 묘지인가?

결혼식에서 신부는 흰 옷으로 온몸이 감긴 죽은 상태가 된다. 결혼식에서 신부가 입을 열지 않는 것도 이런 이유 때문이다. 그녀는 옷을 갈아입음으로써 상복을 벗고 한 남자의 아내로 다시 태어난다. 결혼식은 독신 생활의 장례식이자, 아내로서 다시 태어나는 부활식이다.

결혼을 하면 아내와 남편은 부부라는 시스템을 형성하는데, 이 시스템은 두 사람에게 독신 때와는 다른 행동과 존재로 바뀌게 한다. 타인이던 남녀가 형제보다도 더 가까운 관계를 맺어 일생을 보내고 독신 시절의 자기를 버리고 새롭게 다시 태어난다.

그래서 옛날 사람은 결혼식을 독신 시절의 장례식이라고 생각했고, 부모는 시집가는 딸에게 "이젠 집에 있을 때처럼 행동해서는 안 돼"라고 엄하게 주의를 준다.

결혼은 연애 시절의 연장이 아니다. 부부라는 시스템 속에서 다시 태어나는 것이다. 결혼 생활에는 즐거움만 있는 것이 아니라 괴로움도 많으므로, 괴로움 속에서 즐거움을 발견하여 행복을 가꿔나가야 한다.

결혼은 수박과도 같다. 쪼개 보지 않으면 속을 알 수 없다. 잘 익은 수박인 줄 알고 쪼개 보았더니 결과가 기대와 달랐다고 해도, 쪼개 놓은 수박은 먹어야 한다. 그렇다고 한숨을 쉬어서는 안 된다. 기대에 어긋난 결혼에 대해서는 머리를 써서 능동적으로 대처해야 한다.

결혼식 속에 감춰진 의미를 알고 어떤 직장 여성이 이렇게 말한다. "여자만이 결혼식에서 죽었다가 다시 태어나기를 요구받는다는 것은 정말 불공평해요." 동료가 눈을 반짝이며 말한다. "좋은 것 아니겠어. 여자만이 두 가지 인생을 살아갈 수 있으니까." 전자는 비관주의자, 후자는 낙관주의자다.

최근에는 신랑도 결혼식이 끝나면 의상을 갈아입는다. 여자에게뿐만 아니라 남자에게도 결혼식은 독신 시절의 장례식이라는 의미가 있는 것이다.

사랑은 오해와 착각해서 시작한다

'도깨비집'과 '제트 코스터'가 인기가 있는 이유는 말할 나위도 없이 스릴을 맛볼 수 있기 때문이다. 왜 그렇게 죽는 시늉을 하면서도 스릴을 맛보려고 하는가?

그것은 젊은이들의 일종의 최음제다. 스릴을 즐기는 쪽은 여성이다. 스릴은 여성에게는 일종의 흥분제와 같은 것이다. 남성은 성적인 것으로 흥분하기 쉽지만, 여성은 공포에서 흥분하기 쉽다는 말도 있다. 그것을 증명할 수 있는 심리 실험을 소개하려고 한다.

여학생들에게 남학생을 소개하고 난 뒤 남학생에 대한 호의도를 물었다. 여학생은 대개 처음 만나는 남성이므로 '좋지도 싫지도 않다'라는 평을 한다.

그 다음 여학생에게 외나무 다리를 건너게 한다. 떨어질 것 같아 마음을 조리면서 조심조심 건넌다. 다리를 건너오면 아까 좋지도 싫지도 않다는 평을 받은 그 남학생이 기다리고 있다. 거기서 다시 한 번 여학생에게 그 남학생에 대한 호감도를 물었다. 그랬더니 그 남학생에 대한 호감도가 처음보다 높아졌다.

여성은 스릴을 맛보게 되면, 상대 남성에 대한 호감도가 상승한다는 것을 알 수 있다. 곧 공포나 스릴을 맛보면 여성은 성적으로 흥분되어 남성이 매혹적으로 보이게 된다. 스릴과 공포는 여성에게 일종의 최음약이다.

아주 옛날 고대 로마의 시인 오이디푸스는 「사랑의 기술」이라는 시에서 '여성의 마음을 사로잡으려면 검투사의 시합을 보여 줘라'

라고 권한다. 검투사가 서로 피를 흘리는 무서운 광경을 본 여성은 흥분하여 함께 있는 남성을 사랑하게 된다는 것이다.

왜 여성은 스릴과 공포에서 흥분을 느끼게 되는가? 공포심에서 생리적으로 흥분하면 가슴이 두근거린다. 이 때 어떤 남성이 나타나면 그 남성 때문에 가슴이 두근거리는 것으로 착각한다.

이처럼 사랑을 느낄 때나 무서움에 떨 때나 숨이 차고 가슴이 두근거리는 것은 마찬가지다. 이런 생리적 변화가 애정 때문에 온 것인지, 공포 때문에 온 것인지는 그 본인이 주위 상황을 보고 판단할 수밖에 없다. 겁에 질려 가슴이 두근거릴 때나 운동을 해서 숨이 헐떡거릴 때 우연히 남성을 만나게 되면, '저 사람을 만났기 때문에 가슴이 두근거리고 숨이 찬 거야'라고 생각하고, '이런 흥분을 느끼는 것으로 보아 나는 저 사람을 좋아하는 게 틀림없어. 아니, 좋아하는 거야'라고 착각하게 되어 그 남성에게 애정을 느낀다.

곧 공포에서 오는 흥분을 자기 가까이에 있는 남성의 매력 때문인 것으로 오해해 버리는 것이다.

사랑은 오해와 착각에서 시작된다는 말이 있다. 아무튼 스릴과 공포로 흥분하게 되면 남성이 매혹적으로 보인다. 그것을 아는지 모르는지 젊은이들은 자주 놀이터에서 데이트를 한다. 그러나 착각과 흥분은 사랑의 시작 단계일 뿐이다.

제4장

별난 사람 대처법

밀어붙이는 탱크 타입

이마에 땀이 맺히고 와이셔츠 소매를 위로 걷어부치고, 에너지가 넘쳐 주체하지 못하는 듯 열심히 일하는 사람을 보면 부러운 생각이 들지 않는가? 아무리 열심히 일을 해도 땀이 잘 나지 않고 또 확 달아오르지 않아 열의가 없어 보인다는 평가를 받는 사람에 비하면, 이런 타입은 열심히 인생을 살아가는 것처럼 보인다.

이런 원기 왕성한 사람은 미국의 심리학자인 브링크맨(J. A. Brinkman)이 분류한 별난 사람 중 하나인 '탱크 타입'이다. 그러나 이런 사람이 상사라면 이야기는 좀 달라진다. 이런 타입은 함께 일하는 상대는 생각지도 않고 자기가 하고 싶은 대로 밀어붙이므로, 상대는 계속 밀리기만 한다.

이런 탱크 타입의 전형적 행동은 다음과 같다.

큰 소리로 책상을 두드리며 말하고, 벌떡 일어나 몸을 크게 움직이므로 두려움을 느끼게 하며, 급히 처리해야 할 일이 있으면 허둥지둥하고, 이쪽 의견을 말하면 곧바로 싸우려 덤빈다.

이런 타입은 달성 욕구가 아주 강해 일을 빨리 완성시키는 것이 목적이기 때문에 주위 사람의 기분 같은 것은 안중에도 없고, 조금이라도 방해가 되는 사람은 거추장스러워한다.

당신이 빈둥거리면서 주위 사람에게 폐를 끼치면 이런 사람의 화살을 정면으로 받게 된다.

그러면 이런 타입에 대해서는 어떻게 대처하면 좋을까?

첫째로 그런 사람은 일을 빨리 끝내는 것이 최대의 관심사라는 것에 주목해야 한다. 긴 변명과 발뺌은 그 사람을 더욱 조바심나게 한다. 중요한 것은 그 사람이 일을 하는 데 방해가 안 되도록 길을 비켜 주라는 것이다.

둘째로 정반대의 타입일 수도 있다. 강한 체하나 힘에는 약한 사람인 경우다. 상대가 자기보다 강하다는 것을 알게 되면 두 번 다시 공격하지 않는다. 그러므로 한번쯤 마음 단단히 먹고 부딪쳐 보는 것도 좋은 방법이다.

이런 타입은 나약함을 감추려고 겉으로는 에너지가 넘치는 것처럼 행동하지만, 사실은 '호랑이의 위엄을 빌린 늑대'의 심리를 갖고 있는 것이다.

꼬집는 말로 남의 감정을 건드리는
저격병 타입

당신에게 별 이유 없이 불쾌감을 주는 말이나 행동을 하는 사람은 없는가? 당신이 칭찬이나 상을 받아 기분이 좋을 때만 골라 신경을 건드리는 사람은 없는가? 그런 사람을 '저격병 타입'이라고 한다.

집적대고 빈정대는 말은 빙산의 일각에 지나지 않고, 당신이 안 보이는 곳에서 당신을 욕하거나 나쁜 소문을 퍼뜨릴지도 모른다. 방심하면 그 사람의 술책에 걸려들게 된다.

이런 타입은 '탱크 타입'처럼 일을 밀어붙이거나 호통치지는 않지만, 사람의 신경을 건드리기는 마찬가지다. 이런 사람은 뒤에서 당신을 저격하려 한다. 보이지 않는 데서 음해하므로 대응하기가 어렵다.

'저격병 타입'의 행동은 다음과 같다.

빈정거리기를 잘하나 상하 관계는 엄격하며, 위험이 있는 일은 피하고 안전을 지향하며, 다른 사람에 대한 나쁜 소문을 화제로 삼는 일이 많고, 젊은 사람의 유행에 대해서는 아주 비판적이다.

이런 타입의 심리는 다음과 같다.

상하 관계에 엄격하고, 비판적 발언이 많으므로 얼핏 보아서는 뛰어난 것처럼 보이지만, 그 심리는 강한 열등감으로 가득 차 있다. 자기 능력에 자신이 없으므로 더 이상 노력하려고 하지 않는 경향이 있다.

열등감을 숨기려고 권력을 휘둘러 약한 자를 괴롭히고, 자기를 추월하려는 사람을 깎아 내리려 한다. 자기 자리를 지키기 위해서는 수단 방법을 가리지 않는 등 방어 심리가 강하다. 자기보다 능력 있는 사람에 대해서는 시기나 질투를 느낀다.

당신이 지금 그의 저격을 받고 있다면 당신의 우수성을 그가 시샘하고 있는 것이 된다. 그것을 가볍게 봐서는 안 된다. 그는 다른 사람의 발목을 잡는 데 소질이 있으므로 지금 방어하지 않으면 나중에 엄청난 피해를 입게 된다.

그렇다면 어떻게 하면 좋을까? 이런 타입은 안 보이는 곳에 숨어 저격하므로 될 수 있는 대로 모든 사람들 앞에서 그의 언행에 숨어 있는 저의를 확실히 밝혀 내야 한다.

예를 들면 헐뜯는 소리나 야유를 하면 가만히 듣고만 있지 말고 그 의미를 확실하게 추궁하라는 것이다.

"지금 하신 말씀 다시 한 번 해주세요."

"그것은 무슨 의미입니까?"

"어떤 생각에서 그런 말씀을 하십니까?"

라는 식으로 화제를 구체화시켜 정면으로 맞서라는 것이다.

또 "○○ 씨가 당신을 너무 지나치다고 했어요"라는 식으로 제

삼자를 빌려 당신을 비판하는 경우가 있다. 이럴 때는 당신을 헐뜯으려는 저의가 있으므로 "그럼 함께 ○○ 씨에게 가서 확인해 봅시다"라고 화제를 명확히 하여 정면으로 맞서라는 것이다. 그렇게 하면 이런 유형의 사람은 움찔하여 슬금슬금 도망치게 된다. 이렇게 되면 두 번 다시 당신을 헐뜯지 않게 된다.

빈정대거나 싫은 소리를 하는 사람 가운데는 자기에게 주의를 끌려는 경우도 있다. 그것은 적의에서가 아니라 호의에서 나온 것으로, 당신과 친구가 되고 싶다는 표현이다. 남자 아이가 여자 아이를 놀리는 그런 심리다.

기분 나쁘지 않게 빈정대는 말은 아무렇지 않게 받아들일 수 있는 아량이 있어야 한다.

언제나 자신만만한
자신감 과잉 타입

　누구나 자신감을 갖고 싶어하나, 자신을 완전히 믿지 못하므로 그러기 어렵다. 그러나 자신만만함이 지나쳐 문제가 되는 타입도 있다.

　본인은 자신만만하지만 주위에서 보면 자신감이 너무 지나쳐 다른 사람에게 폐가 된다. 이런 사람의 특징은 다음과 같다.

　자기 주장이 강하여 단정적 발언을 많이 하며, 회의 때는 혼자서 떠들어대고 매우 이치를 따져 발언한다. 또 다른 사람의 의견을 받아들이려 하지 않고, 반박을 받으면 즉시 화를 내고, 다른 사람과 상의도 없이 멋대로 일을 처리한다.

　그러면 '자신감 과잉 타입' 은 정말 자신만만한가?

　자신만만하게 보이는 '자신감 과잉 타입' 의 심층 심리는 겉과는 전혀 반대로 불안에 가득 차 있다.

　불안이 두려워 원기 왕성한 체한다. 불안으로 가득 찬 자기를 받아들일 수 없지만, 그런 자기를 남에게 드러내는 것은 더욱 견딜 수 없는 일이다. 밝혀지는 것이 두려워 방어에 힘쓰는 것으로 반대 의견을 듣거나 비판받을 때 그런 심리가 잘 나타난다.

정말로 자기 의견에 자신이 있다면 다른 사람의 의견을 논리적으로 반박하면 된다. 그러나 반박을 받을 때 곧바로 감정적으로 화를 낸다는 것은 자신이 없기 때문이다.

그러면 겉으로는 자신감 과잉이지만 내심으로는 불안에 가득 찬 이런 사람에게는 어떻게 대처하면 좋을까? 그의 마음속은 불안으로 가득 차 있다는 점을 고려하여, 공감은 못 해도 내면적으로는 동정심을 가지라는 것이다. 인정할 만한 발언은 동조해 주는 척하여 긴장감을 풀어 주라는 것이다.

이런 타입은 자기를 인정해 주기를 바라므로 인정해 주는 것이 제일 좋은 대처법이 된다.

구체적인 방법으로는 그의 말을 그대로, 또는 중점을 두는 것처

럼 '그렇군요'라면서 맞장구를 쳐준다. 그렇게 하면 그 사람은 인정받았다는 생각에서 진정한 의미의 자신감을 갖게 된다.

그러나 이런 타입은 자기의 우수함을 인정받았다고 생각되면 더욱 자신만만하게 떠들어댈 수 있다. 그럴 때는 이런 사람과 계속 교제할 가치가 있는지를 판단해야 한다. 가치가 없다고 판단된다면 이런 '상대하기 어려운 사람'과의 교제를 포기해야 한다. 교제할 가치가 있다고 생각되거나, 교제해야만 할 때는 그의 지식을 당신의 정보원으로 이용하라는 것이다.

그를 당신의 데이터 뱅크라고 생각하고, 큰 소리는 그 필요 경비로 여기라는 것이다. 곧 좋은 비서로 생각하고 그의 지식과 판단에 경의를 표하는 자세로 대하라는 것이다. 그가 연상이라면 인생의 좋은 스승으로 삼아도 좋을 것이다. 그렇게 하면 그의 지식과 분석력을 통해 큰 도움을 받을 수 있다.

그의 말을 들을 때도 그냥 들어준다는 태도가 아니라 진지한 태도로 들으면 당신에게 좋은 감정을 가지게 될 것이다.

스승으로 모시겠다는 생각이 없으면 이런 타입에게 잘 대처하기는 어렵다. 그를 '걸어다니는 도서관'이라고 생각하고, 그에게 경의를 표하는 동안 정말 존경할 수 있게 될지도 모른다.

누구에게나 좋은 평을 얻으려는
팔방 미인 타입

　어려울 때 '정말 도움이 될 것 같다'라는 생각이 들게 하는 사람이 있다. 그런 사람은 "이사하는 데 사람이 없어 곤란하다"라고 하면 "다음 일요일입니까? 제가 도와 드리겠습니다"라고 하고, "워드프로세서를 쳐줄 사람이 없다"라고 하면, "제가 해드리겠습니다"라고 한다.

　긴급할 때나 곤란할 때 이런 흔쾌한 대답을 듣게 되면 정말 한숨이 놓인다. 이렇게 도움이 되는 사람이 어디 있을까 하는 생각이 든다. 그러나 이런 흔쾌한 대답이 오히려 일을 그르치게 할 수도 있다.

　이삿날 아무리 기다려도 오지 않거나, 워드프로세서를 쳐주겠다는 말만 했지 전혀 해줄 기미를 보이지 않는다. "가려고 했지만……", "하려고 했지만……"라는 변명을 늘어놓으면서 여러 가지 사정 때문에 못 해주겠다고 말한다.

　역시 결과는 없다. 기대가 깨져 더 실망을 느끼게 된다. 그러나

악의가 있는 것도 아니고 고의에서 그런 것도 아니다. 이런 타입을 모두들 좋은 사람이라고는 하지만, 시간 관념이 없고 변명이 많으며, 약속을 잘 지키지 않고, 부지런하게 보이지만 실행을 잘 하지 않는다.

그러면 이런 타입은 왜 할 수도 없는 일을 'Yes'라고 대답할까? 그 심리는 다음과 같다.

다른 사람이 자기를 멀리하지 않을까 하는 강한 공포심과 다른 사람의 부탁을 거절하면 미움을 받지 않을까 하는 불안감 때문이다. 이런 사람은 다른 사람으로부터 거절당하는 것을 가장 두려워한다.

다른 사람에게서 미움받지 않고 호감을 얻고 싶은 마음에서 부탁받는 것은 무조건 'Yes'라고 말한다. 그러나 이런 타입은 당신에게만 미움받지 않으려는 마음을 갖는 게 아니기 때문에 문제가 된다.

이런 타입은 부탁이라면 무엇이라도 들어 주므로, 결과적으로는 누구의 부탁도 들어 줄 수 없게 되어 오히려 부탁한 사람을 난처하게 만든다.

다른 사람의 일을 해야 하기 때문에 자기 일도 제대로 할 수 없다. 사람은 누구나 자기 중심적인 면이 있는데, 이런 사람은 오히려 타자 중심적인 면이 더 강하다.

인간 본래의 자기 중심적인 면과 타자 중심적인 면이 서로 갈등을 일으켜 마음의 안정을 찾지 못한다. 곧 표면적으로는 친절한 '예스맨'이지만, 마음속은 갈등으로 흔들리고 있다.

그러면 이런 타입에게는 어떻게 대처하면 좋을까?

이런 타입은 친절하고 다른 사람의 말을 잘 들어 주므로 친구가 많은 것처럼 보이지만 마음속은 언제나 고독감으로 가득 차 있다. 다른 사람들에게서 따돌림받고 싶지 않은데 부탁을 거절하면 따돌림받을 것이라고 생각하고 있다. 따라서 약속을 지키지 않는다고 해서 화를 내서는 안 된다. 화를 내면 자기를 싫어한다고 생각하고 아주 우울한 상태에 빠지게 된다.

이런 타입은 서서히 맺어질 수 있는 인간 관계를 원하므로, 그와 친숙하게 지낼 수 있도록 신경을 써야 한다. 그렇다고 아무런 부탁도 하지 않으면 친숙한 인간 관계가 유지되기 힘들기 때문에 사소한 부탁은 하는 편이 좋다.

이런 타입은 다른 사람을 위해서 일한다는 생각을 가져야 마음이 안정되지만, 어려운 일과 급한 일을 부탁하면 그들의 마음에 큰 부담이 된다. 간단히 할 수 있는 일을 부탁하면서 그들과 신뢰 관계를 맺는 것이 필요하다.

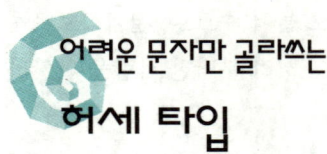

어려운 문자만 골라쓰는
허세 타입

당신 주위에 너무 알은체를 많이 하여 다른 사람의 눈살을 찌푸리게 하는 사람은 없는가? 이런 사람은 흔히 모르는 게 없는 것처럼 곧잘 전문 용어를 섞어가며 이야기한다.

이런 타입은 그런 전문 용어 몇 가지만 아는 것뿐이지 진짜 지식은 없다. 혼자서 말을 다하고 의미도 모르는 단어를 연발하므로 대화가 통하지 않아 상대를 당황하게 한다.

이런 사람은 외국어를 많이 쓰고, 최근에 일어난 중대 뉴스에 대하여 해설하기를 좋아하고, 이름난 외국 음식점의 단골 손님인 체한다. 다른 사람의 말은 들으려 하지 않고, 자기 말을 반박하면 정색하면서 화를 내고 말이 더 많아진다.

그러면 왜 이런 타입은 자기도 잘 모르는 지식을 마구 구사하면서 다른 사람의 말은 들으려고도 하지 않는가? 그 심층 심리를 한마디로 말하면 고독하다는 것이다. 주위 사람에게서 '대단한 사람이야', '뛰어난 사람이야', '머리가 좋은 사람이야'라는 평을 듣기를 원하기 때문이다.

이런 타입은 심리학적으로 승인 욕구가 매우 강한 사람이라고 할 수 있다. 승인 욕구가 강하다는 것은 어릴 때 부모로부터 소외당하고 사랑받지 못한 것이 원인이 되는 경우가 많다.

부모가 바빠서 아이에게 관심을 쏟을 수 없었거나, 또 형이나 동생에게 관심을 더 많이 쏟은 것이 원인이 된다.

아이는 부모로부터 충분히 인정받지 못하면 외로움을 느끼고 욕구 불만을 갖게 된다. 그래서 알은체하여 다른 사람에게 인정받기를 원한다. 물론 꾸준히 노력하여 다른 사람의 승인을 얻는 사람도 있긴 하지만, 겉으로만 알은체하여 다른 사람의 주목을 끌려는 사람도 많다.

또한 전문 지식과 외국어를 많이 사용하므로 머리는 좋은 것 같지만 학교 성적은 별로다. 알고 있는 지식이 별로 없으므로 정면으로 질문을 받으면 발끈하여 목청을 높이고 이것저것 아무 말이나 막 늘어놓아 위기를 모면하려 한다. 이런 타입은 다른 사람에게 무시받는 것을 아주 두려워한다.

이런 타입에 대해서는 어떻게 대처하면 좋을까?

데이터에 근거하여 구체적인 사실을 밝히라고 요구하고 따지는 자세가 아니라 공감하려는 자세를 보여야 한다. 상대가 한 말을 받아 반복해도 좋고, 또 "말씀해 주신 것 정말 고마웠습니다"라고 감사의 표시를 해도 좋다. 그렇게 하면 이런 사람의 고독감은 서서히 채워지게 될 것이다.

무슨 생각을 하는지 알 수 없는
무반응 타입

당신 주위에 어떤 자극을 받아도 바위처럼 꿈쩍하지 않는 사람은 없는가? 잠자코 침묵만 지키는 사람이라 폐가 되지 않으므로 골치 아픈 사람이라고는 할 수 없다. 그러나 함께 활동하거나 일을 할 때는 큰 부담을 준다. 팀 구성원으로서 앞으로의 계획을 의논하려 해도 별 말이 없다.

"뭔가 의견을 말해 봐요. 이래서는 아무 일도 할 수 없어요"라고 하면, "좋을 대로 하세요"라는 말뿐이다. 이쪽 생각대로 할 수 있어 신경 안 써도 될 것 같지만, 일은 이쪽에서 모두 짊어져야 하므로 오히려 큰 부담이 된다. 이쪽도 하고 싶은 생각이 싹 가셔 무반응 인간이 되어 버린다.

이런 타입은 아무것도 하지 않음으로써 다른 사람을 골탕먹인다. 하루 종일 한 마디도 하지 않아 큰 좌절을 경험한 것처럼 보일 때도 있고, 어떤 때는 문을 꽝 닫아 다른 사람을 놀라게도 한다.

그러면 왜 이런 타입은 묵비권을 행사하는가?

이런 타입의 침묵 뒤에는 슬픈 과거가 숨겨져 있는 경우가 많다.

심리학자인 세리그만(C. Seligman)의 무기력한 개의 실험이 널리 알려져 있다. 그는 원기 왕성한 개의 다리에 족쇄를 채우고 몸을 묶어 움직이지 못하도록 하고는 전기 충격을 계속 주었다. 아무리 도망칠려고 발버둥쳐도 가망이 없다는 것을 알게 되면, 개는 전기 충격을 계속 받아도 더 이상 반응을 보이지 않는다. 곧 자진하여 고통을 감수하는 것이다.

그런 뒤 족쇄를 풀어 주고는 다시 전기 충격을 주면 개는 어떻게 할까? 고통에서 벗어나려고 도망칠 텐데 개는 전기 충격을 그대로 받아들였다. 곧 무기력한 개가 되고 만 것이다.

사람도 마찬가지 아닐까?

일에 실패하고, 친구나 동료에게 배신당하고, 상사로부터 계속 시달려온 사람은 욕구나 감정을 마음속에 가두어 두고는 아무것도 하고 싶지 않다는 생각을 갖게 된다.

지금 당신의 속을 썩이는 이 사람의 과거를 알게 되면 당신은 놀랄 것이다. 모든 일이 수월하게 풀리던 사람이 좌천된다든지 퇴출된다든지 하면, 충격을 받아 아무 일도 하지 못하게 된다. 이런 타입을 무반응이라고들 하지만 그렇다고 전혀 활동 에너지가 없는 것도 아니다.

사화산이 아니라 휴화산이다. 그렇다면 이런 사람에게는 어떻게 대처하면 좋은가?

상당한 인내가 요구되지만, 그에 대한 기대감을 계속 나타내 보이라는 것이다. 또 그의 과거의 괴로운 경험에 공감하라는 것이다. 공감과 기대가 이런 사람의 마음을 녹여 줄 수 있다.

폭발 타입

교내 폭력이 저연령화되어 가고, 또한 '성인의 무분별한 폭력'
이 매스컴에 자주 오르내린다. 폭력은 질서나 도덕에 어긋나는 행
위이므로 법률로 엄하게 제재받지만, 스스로의 양심으로도 그것은
억제되어야 한다.

반사회적 행위인 폭력을 휘두르면 주위 사람으로부터 경원시되
는데도 왜 폭력이 빈발하고 있는가?

요즘은 상사의 부하에 대한 언어 폭력이 부쩍 늘었다 한다. 피해
대상인 부하는 마땅히 호소할 곳도 없다. 상사에 대해서 폭력으로
앙갚음한다는 것은 회사를 그만두겠다는 것밖에 안 된다. 그렇게
한다고 해서 꼭 이치나 정의가 통한다고는 생각하지 않는다. 이럴
경우에는 다른 부서로 옮긴다든지, 다른 회사로 옮기는 것이 좋은
방법이 된다.

그러나 불황이 심각해져 회사 사정이 어려워지면서 사내 이동이
나 전출이 더욱 어렵게 되었다. 그래서 상사로부터 언어 폭력을 당

해도 참고 넘어가는 일이 많아, 그것이 상사의 폭력 행위를 더 조장하게 한다. 물론 폭력을 행사하는 상사의 개인적인 이유 때문만은 아니다. 이렇게 폭력적인 상사가 늘어나는 것은 불황에 따른 욕구 불만이 원인이 되는 경우가 많다.

욕구 불만은 분노를 낳고 분노는 폭발할 곳을 찾는다. 당연 분노는 가까운 사람에게로 향하게 된다. 지금까지는 좋은 상사였던 사람이 불황 때문에 폭력적인 상사로 변하는 경우도 많다.

이런 사람은 사소한 것에 몹시 화를 낸다. 또 물건을 마구 집어 던지거나 차기도 하고, 화장실에서 큰 소리로 중얼거리며, 아무도 자기를 이해해 주지 않는다고 불평한다.

이런 타입의 심층 심리는 욕구 불만으로 가득 차 있어 그것이 폭발의 원인이 된다. 심리학의 욕구 불만 공격 이론은 욕구 불만이 클수록 공격 행동이 증가되고, 공격 방향은 약한 상대에게로 향한다고 한다.

이런 사람에게는 어떻게 대처하면 좋을까?

먼저 약한 위치에서 벗어나는 것이 한 방법이 될 수 있다. 회사를 옮기거나 그만둬 버리면 된다. 그것이 불가능하다면 폭력으로 피해를 입은 사람들끼리 함께 반발하는 것이다. 그렇게 되면 상사는 더욱 크게 분노할지는 몰라도 폭력은 수그러든다. 또 불황으로 어려울 때라면 '과장님도 괴로운 심정일 거야. 함께 힘껏 노력하자' 라는 의식을 갖는 것도 폭력을 줄이는 가장 좋은 방법일 수 있다.

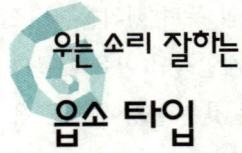

우는 소리 잘하는 읍소 타입

불교에서는 이 세상을 살아가는 데 여덟 가지의 '고(苦)'가 있다고 한다. 처음 네 가지 괴로움은 태어나면서부터 갖는 '생노병사(生老病死)'이며, 이것들은 세상 사람 누구나 느끼는 것이다.

'삶은 고생이다'라는 말이 있다. 사랑하는 사람과 헤어지는 것도 고통이고, 구하는 것을 구할 수 없는 것도 고통이다. 또 싫은 사람과 만나야 하는 스트레스도 현대인의 고통이라고 할 수 있다.

인생의 모든 문제에 고뇌하는 전형적인 타입이 우는 소리 잘하는 '읍소 타입'이라고 할 수 있는데, 이런 사람 때문에 의외로 고통을 받는 사람이 많다. 혼자서 고민한다면 별로 골치 아픈 사람은 아니지만, 이런 사람은 주위 사람에게 날마다 푸념을 늘어놓는다. 그래서 가까이 있는 사람까지 우울해지고 직장과 가정 분위기도 어두워진다. 남에게 폐를 끼치는 골치 아픈 사람이라 하겠다.

이런 사람은 언제나 우울해 보이고 자기의 좋지 않은 처지만 말하며, 자신은 운이 없다는 생각만 한다. 또 적극적으로 일하려는 자세를 보이지 않고 동정해 주면 더욱 우는 소리를 한다. 그러면 왜 이런 사람은 우는 소리만 하는가?

이런 사람에게는 세 가지 심리가 있다.

첫째는 현상을 개선하려는 의욕을 나타내는 경우다. 건설적 호소라고 할 수 있다. 현상의 문제점을 지적하고 그 개선책도 제시하는 등 적극성이 포함되어 있다. 이런 사람은 우는 소리를 잘하는 사람이 아니라 현상을 개선하려는 사람이다.

둘째는 불평과 불만을 해소하려는 것이 목적인 경우다. 불평·불만을 다른 사람에게 말함으로써 욕구 불만을 해소하려는 사람이다. 현상에 대한 불만은 그렇게 간단히 해소할 수 없다.

그럴 때 누구에게 불만을 털어놓기만 해도 불만은 일시적으로 해소된다. 불만을 남이 들어주는 것만으로도 기분이 상쾌해진다. 당신에게 불만을 털어놓는 사람이 있다면 당신은 그 사람에게 무

료 카운슬러 역할을 하고 있는 셈이다.

당신에게 불만을 털어놓는 사람의 대부분은 이런 타입이다.

셋째는 동정해 주면 더욱 접근하여 우는 소리를 하는 타입이다. 그런 사람은 절망감과 무력감으로 가득 차 있어, 상황과 나쁜 운 등에 실패의 원인을 돌리는 귀속 경향이 강하다. 어리광에 가까운 푸념을 늘어놓아 다른 사람을 성가시게 한다.

심리학에서 성공과 실패의 원인이 어디 있는가를 추론하는 것을 '원인 귀속'이라고 한다. 자기의 성공을 노력으로 돌리는 사람이 있는가 하면, 재능으로 돌리는 사람도 있다. 친구에게 도움을 받았기 때문이라고 생각하는 사람이 있는가 하면, 운이 좋았다고 생각하는 사람도 있다.

사람은 성공했을 때보다 실패했을 때 그 원인을 더 따지려 한다. 반성의 의미에서는 모르지만, 원인을 너무 따지다가 우울증에 걸리는 사람도 있다. 푸념을 늘어놓는 사람이란 다른 사람의 몇 배 이상으로 실패의 원인을 악운과 상황 탓으로 돌린다.

그러면 그런 사람에게는 어떻게 대처하면 좋을까?

동정하는 마음으로는 푸념을 들어 주지 말라는 것이다. 이런 사람의 심층 심리에는 심한 어리광이 남아 있다. 당신이 동정해 줄수록 어리광을 더 부리게 된다. 어리광을 부리지 못하게 하는 것이 우는 소리를 멈추게 하는 방법이 된다.

좀처럼 결단을 못 내리는
우유부단 타입

　레스토랑에서 메뉴를 보면서 음식을 고른다는 것은 즐거운 일이다. 패밀리 레스토랑 같은 곳의 메뉴는 다양하여 '저것도 좋지만…… 이것도……' 하는 마음에 무엇을 먹을지 선뜻 결정할 수 없을 때가 많다.

　다른 사람이 모두 결정하고 웨이터가 기다리고 있는데도 좀처럼 결정을 못 내리는 사람이 있다. 겨우 결정했는가 했더니 또 바꾼다. 모처럼의 즐거운 식사도 이 사람 때문에 엉망이 될 때가 있다. 이런 사람이 '우유부단 타입'이다.

　이런 타입은 음식만이 아니라, 진학·취직·연애·결혼·자녀교육 등 중대한 결정을 내려야 할 때 언제나 망설인다. 이런 사람들 때문에 주위 사람이 곤란을 겪거나, 일에 지장이 생기는 경우가 있다.

　자신도 자기의 우유부단한 성격에 저항감을 느끼면서도 결정을 선뜻 못 내린다. 심리학에서는 이런 상태를 '갈등 상태'라고 한다.

갈등 상태에는 두 대학에 합격하고도 어느 대학에 가야 할지 결정을 내리지 못하는 것처럼 두 가지 좋은 일 가운데 어느 것을 선택해야 할지 몰라 망설이는 '(+)(+) 갈등', 일하는 것도 싫지만 무직이 되는 것도 싫은 것처럼 두 가지 싫은 일 가운데 어느 것을 선택해야 할지 몰라 망설이는 '(−)(−) 갈등'이 있다. 또 급여는 많지만 일의 내용이 마음에 안 드는 때처럼 한 가지 일에 득과 실이 있어 선택의 기로에서 결정을 못 짓는 '(+)(−) 갈등'도 있다.

이러한 갈등 때문에 욕구 불만 상태가 되어 심리 상태는 더욱 악화되고 주위 사람에게 폐가 될 뿐 아니라 자기도 괴로움이 크다.

이런 사람은 언제나 '어떻게 하지, 어떻게 하지' 하면서 실패하지 않을까 하는 두려움 때문에 결단을 재촉받아도 또 미룬다. 일이 저절로 풀려 나가기를 바라는 경우가 많고, 약속을 변경하거나 정정하는 일이 많다.

그러면 왜 이런 타입은 결단을 쉽게 못 내리는가?

그것은 자신이 없기 때문에 실패가 두려운 것이다. 일이 자연히 풀리거나 다른 사람이 결정하면 자기에게는 책임이 안 돌아온다. 그래서 결단을 자꾸 미루는 것이다.

이들의 심층 심리는 자신의 무능력을 다른 사람들에게 알리고 싶지 않다는 생각으로 꽉 차 있다. 만일 결단을 잘못 내리면 다른 사람의 노여움을 사서 책망받을지도 모른다는 공포심에서 결단을 쉽게 못 내린다.

이런 타입에게는 어떻게 대처하면 좋을까?

먼저 인간 관계에 대한 공포심을 제거해 주어야 한다. 겁 많은 사람은 도피 경향이 강하여 마음의 문을 닫고 있다. 시간이 걸리더라도 서로 신뢰 관계를 쌓도록 해야 한다. 그 다음은 합리적인 결단 방법을 가르쳐 주는 것이다.

예를 들면 백지를 한 장 준비해서 결정해야 할 사항을 위쪽에 쓴다. 다음에 종이 한가운데로 세로로 줄을 그어 좌우로 나누고, 왼쪽 위에 (+), 오른쪽 위에 (−)를 크게 쓴다. 다음으로 그 결정 사항에 대한 장점은 왼쪽 (+)에, 단점은 오른쪽 (−)에 쓰게 한다.

그렇게 하면 장점과 단점이 일람표에 일목요연하게 정리되어 우유부단한 사람이라도 감정에 휘말리지 않고 어느 쪽이든 쉽게 결단을 내릴 수 있다.

남의 결점을 그냥 지나치지 못하는
비평가 타입

오랫동안 생각하고 다듬어 왔던 아이디어를 발표했을 때, '그렇게는 잘 되지 않을 걸. 세상은 그렇게 호의적이지만은 않아. 그건 결점이 너무 많아'라고 혹평을 받는다면 큰 충격을 받게 된다.

비평가 타입인 사람이 우리 주위에는 너무 많다. 어느 유명한 야구 선수도 한때는 '그 정도의 실력으로는 프로 세계에서는 살아남을 수 없어'라는 혹평을 받았던 때가 있었다고 한다. 에디슨도 어릴 때 '도저히 어쩔 도리가 없는 아이'라는 평을 받기도 했다.

그 야구 선수나 에디슨은 그런 악평을 받았지만 나중에는 재능을 유감없이 발휘했다. 그러나 재능을 갖고 있으면서도 그런 지독한 비평을 극복하지 못하고 좌절한 사람도 많다. 상사에게 아이디어를 보고했더니 상사가 흡족하지 않은 반응을 보인 적은 없는가? 아이디어가 떠올라도 또 혹평받을 것을 생각하니 마음이 내키지 않아 그대로 잠자코 있었던 경험은 없는가?

하지만 완벽만을 추구하는 사람은 너무 완벽만을 추구하다 다른 사람의 결점만 눈에 띄어 비판가가 되기 쉽다.

새로운 아이디어에는 대체로 플러스적인 면과 마이너스적인 면이 있는데, 이런 사람은 긍정적인 면은 생각하지 않고 부정적인 면만을 생각해 비판하는 경향이 있다.

이런 타입은 남의 사소한 실수에 대해서 지적을 많이 하나, 두뇌가 명석하고 분석이 예리하다. 또한 부정적·비관적이고, 예의는 바르지만 마음은 차다. 그러면 왜 이런 타입은 그렇게 비판하는 데 열심일까?

이런 사람에게는 세 가지 타입이 있다.

첫째 타입은 지적이고 분석력이 높아 다른 사람의 결점이 눈에 크게 들어온다. 자기 결점을 모르는 낙관적인 사람에게 친절하게 주의를 주려는 사람이다.

둘째 타입은 분석력이 높고 머리가 좋다는 것을 과시하려고 남의 결점을 지적하는 사람이다. 과시함으로써 인정받고 싶어한다.

셋째 타입은 불안감과 절망감을 숨기고 자존심을 지키기 위해 다른 사람을 비판하는 타입이다. 자기는 못하면서 다른 사람이 하려면 비판한다. 상대를 비판하여 평가를 낮춤으로써 자기 자존심을 높이려 한다. 그렇다고 그런 사람의 자존심을 높이기 위해 새로운 아이디어를 포기할 수는 없다.

비판은 상대의 결점을 지적하여 자기의 결점을 감추려는 것이라고 할 수 있다. 비판은 순수하게 비판으로서만 받아들여야 도움이 된다.

남에게 기대려고만 하는
기생충 타입

　자기의 어려운 처지를 호소하면서 도움만 구하고 다니는 사람이 있다. 우리는 다른 사람으로부터 정면으로 도와 달라는 요청을 받을 때 도울 수 있으면 도우려 한다. 최근 도덕 교육이 결여되면서 사회 문제가 되고 있지만, 곤란한 사람을 도와 주고 싶은 마음은 누구나 갖고 있다.

　그러나 이 동정심을 거꾸로 이용하여 다른 사람에게 도움만 청하는 사람이 더러 있다. '나는 힘이 없어서……' 그리고 나중에는 '돈이 없어서……' 라고 애원하듯 계속 호소해 오면 금방 쓰러질 것 같아 도와 주게 된다. 그러나 상대는 이쪽에 어떤 도움도 주지 않는다. 인간 관계의 기본 원리인 'give and take' 가 아니고, 'give and give, and give' 의 관계가 되고 만다. 마치 기생충과 같은 관계다. 숙주는 기생충에게 영양을 빼앗기므로 성장할 수 없게 된다. 인간 관계에서의 기생도 마찬가지여서 시간과 노력, 게다가 돈까지도 희생하게 된다.

그러면 왜 기생 타입은 그렇게도 의존심이 강하고, 또 그것을 당연하게 여기는 것일까? 자신감이 결여되어 있기 때문이다. 자립심이 없고 의존심이 강하여, 다른 사람에게 요구하고 부탁하는 것으로 인간 관계를 유지해 가려고 한다.

그는 도움받을 수 있는 사람에게서 도움받는다는 것은 당연하다는 논리를 갖고 있다. 기생 타입은 아무리 도와 주어도 고마움을 모른다. 기생 타입의 이런 자신감 결여와 강한 불안은 어릴 때 부모와의 관계에서 발생된 욕구 불만 때문이다.

이런 타입에게 시달림을 받지 않으려면 어떻게 하면 될까?

도움을 요청해도 도와 주지 말아야 한다. 간단한 것 같지만 상당히 어려운 일이다. 마음의 갈등을 겪어야 하고 양심과 도덕을 부정하지 않으면 안 되기 때문이다. 그러나 의연한 태도를 취하지 않으면 서로 좋은 관계를 유지할 수 없다. 상대가 요구하는 것은 당신의 의협심이므로 상대가 어려움을 호소해도 동정하지 말아야 한다. 계속 동정해 주면 요구가 줄을 이어 오히려 당신과의 좋은 관계가 깨질 수 있다.

이런 사람에게 당신의 시간과 에너지를 빼앗기며 살아가게 되면, 그 사람을 돕는 것이 당신의 삶의 보람이 되어 버리는 묘한 공의존(共依存) 관계가 되어 버린다.

그런 관계가 되기 전에 이런 사람과는 확실한 선을 그어 둘 필요가 있다.

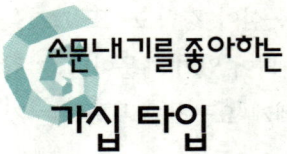

소문내기를 좋아하는
가십 타입

사람은 소문을 좋아한다. 각 가정에 수도가 놓여지면서 동네 아줌마들이 자주 모이는 우물은 없어졌지만 우물가에 모여 앉아 떠들어대던 입방아까지 없어진 것은 아니다. 동네 여기저기 모여 서서 "그 얘기 들었어요?"라고 소문을 전하고 듣기에 여념이 없다.

악의 없는 소문은 스트레스 해소에 도움이 된다. 그러나 소문은 악의가 없는 것만은 아니다. 오히려 중대한 비밀이나 나쁜 소문이 사람들의 관심을 더 끈다. '절대 비밀이에요. 우리만 알고 있기예요' 라는 말만큼 잘 전해지는 소문은 없다. '발 없는 말이 천리 간다' 라는 말도 있다. 다른 사람의 험담이나 소문은 눈 깜짝할 사이에 진위가 확인되지 않은 채 전해진다.

미확인 정보인 엉터리 소문 때문에 상처받는 사람도 많다. 팩시밀리나 이 메일 등의 통신 수단이 발달하고, 사람과 사람 사이의 커뮤니케이션이 쉬워질수록 소문이 번지는 속도는 빠르다.

다른 사람을 곤경에 빠뜨리게 하는 도구로 소문을 애용하는 사람이 있는데, 그러한 사람을 '가십 타입'이라고 한다. 사람들이 소문이나 험담을 좋아한다는 것을 이용하여, 나쁜 소문으로 경쟁자를 깎아내리려는 것이다. '아니 땐 굴뚝에 연기나랴'라는 말처럼 확실히 그런 면은 있지만, 무리하게 연기를 피우는 것이 가십이다.

소문은 눈덩이처럼 커진다는 속성을 험담가는 잘 알고 있다. 험담은 여성만의 전유물이고, 남성은 남의 말을 잘하지 않는다고 생각하는 사람은 술집 안을 한번 들여다 보라. 남성들이 나누는 대화의 대부분은 남에 대한 험담이다. 그 곳이 이런 타입의 활약 장소가 된다.

당신이 험담가에게 이용당하지 않으려면 아주 작은 불씨라도 피우지 말아야 한다. 이런 사람에게는 하찮은 것도 가십거리가 된다. 이런 사람은 뒷말이 많고, 출세욕이 강하다.

그러면 왜 이런 타입은 그렇게 가십을 흘리기를 좋아하는가? 그 심층 심리에는 힘에 대한 강한 집착이 있다. 사회 심리학에서는 사람이 사람에게 영향을 끼치는 힘을 사회적 세력이라고 하는데, 그러한 세력 가운데 정보 세력이라는 것이 있다.

사람은 정보를 갖고 있는 사람의 영향을 받기 쉽다. 가십을 좋아하는 사람은 자기 주변에 있는 사람의 이런 심리를 잘 알기 때문에 관심을 가질 정보를 갖고 있는 체하여 다른 사람의 관심을 끌려고 한다. 또 라이벌에 대한 나쁜 소문을 퍼뜨려 상대적으로 자기의 위치를 높이려 한다.

이런 타입에 대처하기 위해서는 그가 말하는 소문의 진위를 반드시 확인할 필요가 있다.

절박한 상황에 몰리면 슈퍼맨이 된다

어느 신인 작가로부터 이런 말을 들은 적이 있다. 슬럼프에 빠져 글을 잘 쓸 수 없을 때나 일이 너무 하기 싫을 때, 일부러 자기를 어려운 상황으로 몰아넣는다고 한다.

예를 들면 마감일이 코앞에 다가오면 있는 돈을 다 써버릴 때까지 실컷 논다고 한다. 그러면 이렇게 놀면 안 되겠다는 생각이 들어, 믿을 수 없을 정도의 집중력을 발휘하여 글을 쓰게 된다는 것이다. 발상이 계속 떠올라 글쓰기를 마친 뒤에는 자기 자신에게 그런 힘이 있었나 하고 놀란다는 것이다. 아마 누구나 이런 체험을 한 적이 있을 것이다.

사람은 이렇게 절박한 상황에 몰리게 되면 보통 때는 생각할 수도 없는 각오와 능력이 발휘된다. 그것은 인내력과 집중력, 직감력 등 정신적인 힘과 물불을 가리지 않는 육체적인 힘이다.

다시 말하면 극한 상황에 몰려 절박하게 되면 과학으로 설명할 수 없는 엄청난 힘을 발휘하게 된다. 소위 염력과 텔레파시를 전적으로 인정하는 것은 아니지만, 인간의 능력이 모두 동원되어 전에 없던 집중력과 직감력이 발휘되는 것을 보면 과히 초능력이라고 할 수 있을 것이다.

이런 인간의 힘을 알아두면 절박한 상황에서도 자포 자기에 빠진다거나 절망하지 않고 어려움을 극복해 나갈 수 있을 것이다.

자기 욕구를 억누름으로써 기대하는 것

최씨는 친구로부터 양복을 사러 가는데 함께 가주지 않겠느냐는 부탁을 받고, 양복에 관한 특별한 감각은 없지만 가벼운 마음으로 함께 백화점의 신사복 매장에 갔다고 한다.

그의 친구가 "이건 어때?", "이걸 어떻게 생각해?"라고 자꾸 물어와 귀찮은 생각이 들어 "그게 괜찮은 거 같은데"라고 하니까, "정말이야? 그럼 이걸로 하지"라고 하면서 그 옷으로 정했다. 얼마 뒤 최씨는 이상한 소문을 듣게 되었다. "이런 양복을 나에게 권하다니 정말 안목이 없어"라고 그 친구가 말하고 다닌다는 것이다. 최씨는 몹시 화가 났으나 그런 일로 다투면 어른스럽지 못하다고 생각해서 아무 말도 하지 않았다고 한다.

여러분의 주위에도 이런 사람이 있을 것이다. 다른 사람의 말대로 행동해 놓고 그 책임을 남에게 돌리는 이런 타입을 심리학에서는 '억제 과잉'의 심리 기제가 강한 타입이라고 한다.

'억제 과잉'이란 자기가 갖고 있는 욕구를 필요 이상으로 억누르려는 것으로, 얼핏 보면 겸손하고 깊이 생각하는 신중한 타입처럼 보이지만 스스로 자기 욕구를 충족시킬 수가 없어 타인에게 의존하는 것이다. 따라서 자기가 먼저 '이렇게 하겠다'라는 말은 꺼내지 않는다.

예를 들면 회의석상에서 자기가 잘 모르는 사항은 아무리 중요한 것이라도 의견을 밝히려 하지 않는다. 유력한 사람이나 많은 사람들의 의견에만 따름으로써 자기 책임을 면하려 한다.

제5장

몸짓에 드러나는 사람의 마음

여성이 볼이나 귀를 만지며 말할 때

여성이 말할 때 주의 깊게 살펴보면 말하면서 손을 자주 얼굴로 가져 가거나, 귀를 만지거나, 양손으로 볼을 쓰다듬는 경우를 자주 볼 수 있다. 그 순간 그녀는 자기가 꿈꾸는 세계로 빠져 들어가 말의 내용보다 말하고 있는 자기에게 도취된다고 한다. "아주 불쌍한 친구가 하나 있는데……" 하며 말을 시작함으로써 그녀 자신이 얼마나 그 친구를 불쌍하게 생각하고 있는지를 확실히 알리고 싶어 한다. "정말 불쌍해 눈 뜨고 볼 수 없어"라든가, "가엾어서 함께 울었다"라는 말을 하면서 어느 새 양손으로 볼을 감싸고 있다.

빨갛게 달아오른 자기의 볼을 식히고 흥분을 가라앉히려는 동작이라고도 생각된다. 또는 불행한 친구의 처지를 동정하여 그녀 자신이 '자기 친밀성'을 구하고 있는 것이라고도 생각된다. 이럴 때 '그래, 그 친구가 어떻게 됐어?'라면서 본론으로 들어가는 것은 의미 없는 일이다. 그런 말을 한다면 당신은 상대의 기분을 알아 주지 못하는 사람이라는 소리를 듣게 된다.

남성은 이야기를 결론으로 이끌어 가려는 경향이 강하나, 여성과 대화할 때는 꼭 그럴 필요를 느끼지는 않는다. 그녀는 친구를 가엾게 생각하는 자기에게 당신이 동조해 주기를 바라는 것이다.

그녀의 손이 귀나 볼을 자주 만진다면, 이야기에 도취되고 있는 그녀 자신을 이해해 주기 바란다는 표시다. 이럴 때 '정말 당신은 동정심이 많아'라고 맞장구를 쳐주면 그녀는 당신이 정말 친절한 사람이라고 여길 것이다.

여성이 계속 머리카락을 만질 때

　데이트 중에 그녀가 자꾸 자기 머리카락을 만진다면 당신은 그녀에게 신경을 써야 한다. '몸짓이 예쁘다' 라는 정도로 간단히 생각하고 있으면, '오늘은 좀 피곤해서 일찍 들어갈 거야' 라는 말이 나올지 모른다. 곧 여성이 자기 머리를 매만진다는 것은 허전한 마음을 달래려는 '자기 친밀성' 을 구하는 행동의 하나다. 당신이 하는 말에 지루함을 느낀다든지 결단력 없는 당신의 태도에 불만을 가질 때 여성은 자꾸 자기 머리를 만지게 된다.

　손가락으로 머리카락을 감는다든지, 머리카락에 손을 넣는다든지, 머리카락을 뽑는 것은 모두 같은 의미를 가진다. 머리카락을 자꾸 만짐으로써 '자기 친밀성' 을 구하는 것은 남성보다도 여성에게 많다. 여성끼리 대화를 나눌 때 상대가 자꾸 머리에 손이 간다면 권태로움을 느끼고 있다는 표시다.

　커피숍에서 두 사람의 여성이 각자 자기 머리카락을 만지면서 대화를 나누는 것을 종종 볼 수 있다. 상대와 같은 몸짓을 하는 것은 친한 친구 사이에서 자주 일어나는, '자세 반향(姿勢反響)' 이라는 동조 행동이다.

　친구와 마주앉아 이야기를 하거나 들을 때 나타내는 리드미컬한 몸의 움직임을 촬영해서 슬로 모션으로 분석해 보니, 두 사람의 몸의 움직임이 48분의 1초마다 이내에서 일치하고 있었다. 이 분석 결과를 통해 그 두 여성은 똑같이 지루함을 느끼고 있었다는 것을 알 수 있다.

손으로 머리나 얼굴을 끊임없이 만질 때

　결재 서류를 올렸을 때 상사가 천천히 안경을 끼고 꼼꼼하게 서류를 읽어간다면 당신의 기분은 어떨까? 보통 때 같으면 수월하게 그대로 넘어가는데 그 날 따라 그렇지 않다면 어떤 기분이 들까?

　서류가 잘못되었다고 지적받는 것은 아닌가 하는 불안감으로 당황하지 않을까? 그럴 때 당신은 머리를 만지거나, 얼굴을 문지르는 무의미한 동작을 반복할 것이다. 상사가 가끔 서류 너머로 흘끗 당신을 쳐다보기라도 한다면 무의미한 동작은 더 심하게 반복될 것이다.

　이런 동작도 불안한 상황을 부드럽게 만들려는 '자기 친밀성'을 나타내는 행동이라고 할 수 있다. 곧 자기 몸을 만지지 않고서는 불안해서 견딜 수가 없는 것이다. 경험이 풍부한 상사라면 서류 내용을 검토하면서 당신의 손짓도 주의 깊게 관찰할지 모른다.

　상사의 머릿속에는 '부하가 머리나 얼굴을 계속 만진다는 것은 서류에 미비한 점이 있다' 라는 것이 입력되고 있는지도 모른다. 그렇게 생각하면 더욱 불안감이 높아진다. 어떻게 하면 손으로 머리나 얼굴을 만지지 않고 이런 상황에서 벗어날 수 있을까?

　한 가지 방법이 있다. 완전한 서류를 제출하는 것밖에 다른 방법이 없다는 것을 명심해야 한다.

　불안이나 거짓말을 감추려는 동작은 의식하면 할수록 더욱 겉으로 나타나게 마련이다.

턱을 괼 때

조용한 바의 카운터 한 구석에 칵테일 한 잔을 앞에 두고 한 여성이 쓸쓸히 앉아 있다. 거기다 턱을 괴고 있다면 당신은 틀림없이 말을 걸고 싶어질 것이다.

그럴 때 당신의 마음속을 정확히 분석해 보면 두 가지 생각이 소용돌이 칠 것이다. '그녀의 마음은 허전하다', '간단히 응이라고 할 수도 있다' 라는 생각이다. 사실 그 생각은 별로 틀리지 않는다.

턱을 괴고 있다는 것은 '자기 친밀성' 을 아주 직접적으로 나타내는 행위이며, 그런 자세를 취한다는 자체가 허전한 마음을 누군가가 채워 주기를 바란다는 무의식의 표시다.

다시 말하면 턱을 괴는 버릇이 있는 여성은 남에게 꼬임을 잘 당하는 경향이 있으므로, 함부로 모르는 사람 앞에서 턱을 괴는 것은 삼가해야 한다.

아이는 불안과 고독을 느낄 때 신뢰할 수 있는 사람의 품 속에 안기기를 바란다. 어릴 때 울고 있으면 어머니가 다가와 껴안아 주고 달래 주고 우유를 먹여 준 기억을 잊어버릴 수 없는 것과 같다.

마음이 허전할 때 무의식중에 자기 몸을 만지는 것은 자기 자신에게 이런 친밀성을 구하는 것이다. 이것을 '자기 친밀성' 이라고 한다. 턱을 괸다는 것은 허전함을 달래고 싶어하는 직접적인 마음의 표시다. 물론 '자기 친밀성' 을 구하는 것은 여성만은 아니다.

당신이 데이트 시간보다 늦게 약속 장소에 도착했을 때 그녀가 멍하니 턱을 괴고 있는 것을 보게 된다면, 그녀는 당신에게서 충족

되지 못하는 허전함을 갖고 있다고 할 수 있다.

당신 앞에서 그녀가 턱을 괴고 있다면 화제를 빨리 바꿀 필요가 있다. 턱을 괴고 상대의 이야기를 듣는다는 것은 대화 내용에 관심이 없거나, 상대를 대수롭지 않게 여길 때 취하는 포즈다.

또 양손으로 턱을 괴는 포즈도 있는데, 이것은 '불쾌하다', '이야기를 듣고 싶지 않다', '승낙할 수 없다' 등의 심리를 표현하고 있다. 이럴 때 교섭이나 설득을 그대로 진행시키면 실패할 것이 뻔하므로 그 정도에서 끝내는 것이 좋다. 그러나 턱을 문지르는 동작은 'Yes'를 의미하는 동작이다.

엄지손가락과 둘째손가락으로 턱을 받칠 때

　이것저것 생각을 깊이 하는 사람이 자주 취하는 행동 중 엄지손가락과 둘째손가락 사이에 턱을 괴는 경우가 있다. 상사가 이런 자세로 생각에 잠겨 있을 때는 '과장님, 일 끝나고 한잔하실까요?' 라는 말을 건네면 안 된다. 곰곰이 궁리를 하고 있는데 다른 사람의 방해로 생각이 끊길 때만큼 화나는 일은 없다.

　얼핏 보기에는 아무 생각 없이 있는 것처럼 보일지도 모르지만 생각하기를 좋아하는 사람은 그렇게 시간을 보낼 때가 많다.

　그럴 때 '방해하지 말아 달라' 라는 심리가 손가락 사이에 턱을 괴는 몸짓으로 나타나게 된다.

　호텔방 문 앞에 '방해하지 마세요' 라는 표지판을 달아 놓는 것처럼, 이런 자세도 그런 사인이라고 해도 틀린 말은 아닐 것이다.

　동물 행동 학자인 모리스(D. Morris)는 손을 턱에 대는 행동은 조급할 때 위로를 얻으려는 '자기 접촉 행동' 이라고 말하고 있다.

눈 근처로 손이 갈 때

'눈은 입만큼 많은 것을 말한다.' 동의나 거부, 마음의 동요는 그 사람의 눈을 보면 알 수 있다.

사람은 눈에 나타나는 마음의 동요를 감추기 위해 손으로 여러 가지 동작을 한다. 무의식적으로 눈을 문지르거나, 안경을 쓴 사람은 안경에 손이 간다. 이것도 자기 몸을 만짐으로써 긴장을 풀려는 '자기 접촉 행동'의 하나다.

회의 자리에서 날카로운 질문에 대답이 막혔을 때 이런 동작을 한 뒤에, "에, 그 건에 관해서는 말입니다"라고 자료에 시선을 옮긴다. 이런 행동은 누구라도 하는 동작이다. 눈을 문지르거나 안경을 만져도 사람들의 시선은 자기에게서 떨어지지 않는다. 이럴 때 상대의 시선을 따돌리려면 호주머니에서 담배를 꺼내 책상 위에 소리를 내며 올려 놓는 방법도 있다. 손을 책상에 가져 감으로써 상대의 시선을 그쪽으로 끌어가는 것이다.

학창 시절 동급생들이 한 친구를 둘러싸고 몰아붙이고 있었다. 궁지에 몰린 친구는 돌연 하늘을 가리키며 "와, UFO다!"라고 소리쳤다. 모두들 아무 생각 없이 그 쪽으로 고개를 돌렸는데, 그 때 친구는 "그런 게 어디 있어"라고 소리쳤다.

그 말이 너무 재미있고 바보처럼 속은 것도 어이가 없어서 모두들 한바탕 웃은 일이 있었다. 마음의 동요를 감추려면 이런 방법을 써도 괜찮지 않을까?

입술을 핥을 때

만화 영화를 보면 입술을 핥는 동작이 좀 과장되어 표현되는 경우가 많다. 맛있어 보이는 음식을 보고 늑대가 혀를 날름거리는 장면이 있는데, 이것은 늑대의 동작을 의인화하여 표현한 것이다. 그러나 그런 동작을 하는 사람이 의외로 많다. 물론 만화 영화에 나오는 늑대처럼 과장되게 혀를 날름거리지는 않는다. 그러나 배가 고플 때 맛있는 음식이 눈앞에 있으면 사람들은 아무 생각 없이 혀 끝으로 입술을 적신다.

생각보다 값이 싼 패키지 여행의 권유를 받을 때 어떤 남성이 아무 생각 없이 입술을 핥으며 "생각보다 싸군요. 한번 가볼까?" 라고 말했다면, 그것은 그 사람의 마음이 강하게 움직이고 있다는 뜻이다.

아무 생각 없이 입술을 핥는다는 것은 눈 앞에 있는 것에 대한 강한 관심을 나타내는 마음의 표시라고 할 수 있다.

그러나 자기 앞에 아름다운 여성이 있을 때 의식적으로 입술을 핥는 일을 해서는 안 된다. 그렇게 하면 품위 없는 저속한 사람으로 오해를 받기 쉽다.

또 여성들 가운데는 레스토랑에서 스프를 먹을 때 입술에 묻은 것을 핥듯이 혀를 날름거리는 사람이 있다. 이럴 땐 냅킨을 사용해야 한다. 잘못하면 에티켓도 모르는 사람이라는 말을 들을 수 있기 때문이다.

입술을 깨물 때

만일 당신이 상사로부터 심한 꾸중을 듣고 있다면 당신은 어떤 포즈를 취할 것인가? 아마 당신은 무의식중에 입술을 깨물고 노여움을 참을 것이다. 왜 이럴 때 입술을 깨물며 참는 것일까?

상사를 구타한다면 회사에서 쫓겨난다. 쫓겨나지 않는다 해도 출세는 포기해야 한다. 곧 공격하고 싶어도 공격할 수 없는 상황에서 오로지 참을 수밖에 없을 때 공격의 화살을 다른 곳으로 돌리는 것이다.

심리학에서 이것을 '이지향 활동(異指向活動)'이라고 하는데, 무의식중에 입술을 깨무는 것도 그 일종이다. 대단한 잘못을 저지른 것도 아닌데 상대에게 계속 싫은 소리를 들으면 처음에는 무의식중에 자기 손을 꽉 쥐게 된다. 잔소리가 계속되면 입술을 깨물어 무언중에 상사에게 노여움을 참고 있다는 것을 전한다. 그래도 계속 잔소리를 듣게 되면 분노가 폭발하여 상사의 책상을 '탕' 치고 나올지도 모른다. 이런 경우 책상을 치는 것도 '이지향 활동'으로, 상사에게 던지고 싶은 공격의 화살을 책상으로 날리는 것이다.

물론 반드시 이런 단계를 거친다고는 할 수 없다. 입술을 깨물다가 갑자기 큰소리 치며 나올 때도 있다. 하여튼 상대가 무의식중에 입술을 깨물고 있다면 그것은 '더 이상 참지 못하겠다'라는 무언의 사인이라고 할 수 있다.

상대에 대한 '강한 거절과 분노'가 입술을 깨무는 동작으로 나타난다.

이를 악물 때

분노는 몸과 얼굴 전체에 나타난다. 이것은 상대에 대한 위협인 동시에 폭력적 마찰을 일으키지 않으려는 과시이기도 하다. 아무리 노여움을 겉으로 나타내지 않으려 해도 의외인 곳에서 나타나게 되어 있다.

그것이 가장 잘 나타나는 곳은 코다. '분노'는 얼굴 표정을 굳게 한다. 무리하게 아무렇지도 않은 표정을 지으면 콧구멍이 크게 열린다. 화가 나면 흥분되어 호흡이 빨라지고, 입을 여덟 팔(八)자로 다물게 된다. 그래서 코로 숨을 쉬어야 하므로 콧구멍이 넓어지는 것이다. 따라서 태연한 표정을 지어도 콧구멍이 넓어진 것을 보면 화를 내고 있는 것이므로 조심해야 한다.

분노를 억누르는 사람은 대체로 이를 악문다. 이를 악문다는 것은 두 가지 의미가 있다. 하나는 큰소리 내면서 반격하고 싶은 것을 참는 것이다. 얼굴 전체에 나타나는 분노를 상대가 보이지 않게 한 곳으로 집중하려면 이를 악물게 된다. 이것도 전위 활동(轉位活動)의 하나라고 할 수 있다. 또 하나는 대뇌에 자극을 주어 정신을 집중하고 반격의 기회를 노리는 것이다.

아무렇지도 않은 표정을 짓는데도 턱이 덜덜 떨리는 사람이 있다. 이것은 이를 악무는 것까지는 가지 않아도 이를 갈며 노여움을 억제하는 상태라고 할 수 있다. 부하로부터 변명을 듣고 있는 상사가 그런 동작을 하는 경우가 많은데, "무슨 바보 같은 소리를 하고 있어"라고 노여움이 무의식중에 나타나는 동작이다.

입매에서 읽을 수 있는 심리

프로이트는 입 모양에서 그 사람의 생활력과 애정을 알 수 있다고 했다. 입이 큰 사람은 활동적이고, 입이 작은 사람은 점잖은 성격, 입술이 두꺼운 사람은 애정이 넘치고 정열적이고, 얇은 사람은 냉정하고 이성적이라고 한다.

입에도 여러 가지 표정이 있다. 입이 큰 사람은 웃는 얼굴도 밝다. 그것이 자기에게 어울린다고 생각되면 성격도 차츰 밝아져 활동적으로 변한다.

입의 양끝에서도 그런 것들이 나타난다. 입의 양끝이 조금 위를 향하면 표정은 약간 미소를 띠는 듯이 보이고, 반대로 조금 밑으로 향하면 화가 난 듯 시무룩하게 보인다.

우리는 무의식중에 이런 표정을 상대에게 보이는 경우가 많다.

애인의 말을 듣고 있을 때는 의식하지 않아도 입의 양끝이 조금 위로 올라가 미소를 짓는다. 사장의 훈시를 듣고 있을 때 이런 표정을 짓는 사람은 거의 없다. 오히려 입의 양끝은 아래로 내려가게 된다.

사람은 슬퍼서 우는 것만은 아니다. 반대로 우니까 슬퍼진다는 말도 있다. 무의식중에 양 입꼬리를 내리면 성격까지도 험담가로 되어 버리는 경우가 있다.

상대를 긍정적으로 받아들일 생각이 있으면 입의 양끝을 무의식적으로 위로 향하여 미소짓게 된다. 거기다 "웃는 모습이 아름답군요"라는 말을 듣게 되면 더욱더 마음이 즐거워진다.

입으로 연필을 씹을 때

초등 학교에 막 들어간 아이가 입으로 연필을 씹는 경우가 있다. 그것이 버릇이 되어 중학생이 되어서도 연필을 입으로 씹는 아이가 있다.

심리학에서는 이런 동작을 긴장하고 당황할 때 나타나는 '전위 활동'이라고 한다. 연필을 입에 무는 것으로써 긴장을 달래는 것이다. 동물은 무엇을 먹고 있을 때가 가장 마음이 편안해진다. 먹는다는 것은 씹는 것이다.

마음이 불안할 때 껌을 씹으면 마음이 안정되지만, 수업 중에는 껌을 씹을 수 없으므로 대신 연필을 씹는 것이다. 아이가 연필을 못 씹도록 연필 양끝을 깎아 주는 부모가 있다. 그렇게 하면 연필을 안 씹을지는 모르나, 긴장을 완화시키는 도구를 빼앗긴 것 같아 아이는 다른 것으로 불안을 해소하려 한다.

앞에 앉은 여자 아이의 머리카락을 잡아당기거나 교실 안을 뛰어다니는 것과 같은 동작으로 나타나기 쉽다. 연필이 망가질 정도로 씹는다면 아이가 긴장하고 불안해한다는 신호로 보고 그 원인을 찾아내야 한다.

연필을 씹는다는 것은 그렇게 나쁜 것만은 아니다. 오징어를 씹는 것과 같아 뇌의 쾌감 신경이 자극받아 집중력이 생긴다.

아이는 그런 체험을 하게 되므로 무의식중에 연필을 씹는지도 모른다.

손톱을 깨물 때

　손톱을 깨무는 것은 좋지 않은 버릇이며 어리광쟁이라는 표시다. 어릴 때 손가락을 빨던 행위가 손톱을 깨무는 동작으로 바뀌었다고 생각된다. 사람들 앞에서 손톱을 깨물고 있다는 것은 어머니의 젖을 빨 때와 같은 심리라고 할 수 있다. '나는 아직 성인이 아닙니다' 라고 선전하는 것과 같다.

　손톱을 깨무는 사람은 그렇게 많지는 않다. 그러나 손가락으로 입술을 쓰다듬는 사람은 많다. 이것도 손가락을 빠는 것과 같은 동작이라고 생각된다. 입술에 손을 댐으로써 어머니에게 안겨 있던 때와 같은 편안함을 얻고 싶어하는 '친밀 행동' 이다.

　'마마 보이는 그렇게 많지 않아요' 라고 말하는 사람도 반쯤 녹은 아이스크림을 먹을 때는 달콤한 생각에 빠져들게 된다. 아이가 어머니의 젖을 빨 때와 같은 느낌을 갖게 되는 것이다.

앉는 자세로 알 수 있는 상대의 심리

우리는 몸 어딘가로 남성다움이나 여성다움을 강조하려는 '성별 신호'를 보내고 있다. 남성이 다리를 크게 벌리고 앉는 것은 남성다움을 과시하려는 사인이다. 아무리 남성다움을 강조하고 싶어도 낯선 사람들 사이에서 다리를 크게 벌리고 앉으려면 용기가 필요하다. 외국의 액션 영화를 보면, 적에게 붙들린 주인공이 의자 뒤로 손이 결박되어 있으면서도 다리는 크게 벌리고 앉아 있는 장면이 있다. 이런 포즈는 '너희들에게 결코 굴복하지 않겠다'라는 태도를 나타내 보이는 것이다.

복잡한 지하철에서 이런 식으로 앉아 있는 남성도 그런 생각이겠지만, 영화 주인공처럼 멋있지는 않다. 이것은 전체적인 분위기에 맞지 않고 허세를 부리는 것으로 보이기 때문이다. 자신감이 없으면 좀처럼 다리를 벌리고 앉을 수가 없다. 물론 혼잡한 지하철에서 그런 식으로 앉는다는 것은 자신감의 문제만은 아니다.

자신감이 없는 남성이 다리를 벌리고 앉을 때는 상대를 믿을 때다. 성별 신호를 보낼 수 있을 만큼 상대를 믿는 것이다. 그러므로 처음 만나는 남성과 대화를 나누는 동안, 그가 편안한 자세로 다리를 벌리고 앉아 있다면 당신을 신뢰하고 수용하고 있다고 생각해도 좋다. 당신도 그런 자세를 취하면 상대는 경계하게 된다. 그런 때는 다리를 모아 마음이 편안하다는 것을 나타내면 무난할 것이다.

다리를 벌리고 앉는다는 것은 남성다움을 나타내고 싶어하는 남성의 '성별 신호'라고 하지만 최근 지하철에서 교복을 입은 여학생들이 이런 자세를 취하고 있는 것이 눈에 띈다. 흘낏 시선이 그 쪽으로 가게 되면, 여학생들은 벌린 다리 사이로 양손을 올려 두어 방어 자세를 취한다.

긴장해서 앉아 있을 때는 남성이나 여성이 다리를 모으게 된다. 이것은 '당신의 말씀을 받아들이겠습니다'라는 표시지만, 어쩐지 차가운 느낌을 준다. 다리를 모으는 것은 본능적인 '방어 자세'이기 때문이다. 그러나 이런 자세를 오래 하고 있으면 피로를 주기 때문에 오랫동안 똑같은 자세로 있을 수 없다. 어느 정도 긴장이 풀리면 다리를 꼬고 앉게 된다. 이것도 일종의 '방어 자세'지만 기분은 편안해진다.

다리를 모으고 앉는다는 것은 상대의 말을 일방적으로 받아들이지만 않고, 이쪽 주장도 하겠다는 '상호 커뮤니케이션'의 신호가 되기도 한다. 상대가 다리를 모으고 앉아 있다면, 곧바로 본론을 말하지 말고 긴장을 푸는 이야기를 나누는 것이 좋다. 그래서 상대가 긴장을 풀고 다리를 꼬는 자세를 취한다면 본론에 들어가도 좋다.

그러나 상대가 자주 다리를 이쪽 저쪽 바꾼다면 슬슬 대화를 정리해야 할 단계라고 생각하는 것이 좋다. 자주 다리를 바꾼다는 것은 지루하다는 표시다. 대화중이라면 그 날은 그 정도에서 끝내고, 다음 기회에 계속하기를 제의하는 편이 낫다. 그런 사인을 놓치게 되면 모처럼 잘 진행되던 대화도 끊어지게 된다. 작은 사인도 주의 깊게 관찰하는 안목이 필요하다.

팔짱을 낄 때

팔짱을 끼는 동작에는 여러 가지 심리적 요소가 포함된다. 가장 일반적인 것은 상대에게 위압감을 주기 위한 행동, 곧 모리스가 말하는 '위협 신호' 또는 '우월 신호'다. 이 자세는 압도적으로 남성에게 많고 직업에 따라서 많이 나타나는 자세다.

경찰관은 자주 팔짱을 낀다. 예를 들면 교통 사고 경위에 관해서 이야기를 하고 있는 당사자 옆에서 팔짱을 끼고 서 있는 경찰관의 모습을 자주 볼 수 있다. 체육 교사나 프로 야구 감독도 자주 팔짱을 낀다. 상대에게 위압감을 주어 자기의 강함을 나타낼 필요가 있는 직업을 가진 사람들이 팔짱 끼기를 좋아한다.

강하다는 것을 과시하는 팔짱은 가슴의 높은 위치에서 꽉 쥐지 않게 끼는 것이 특징이다. 이렇게 하면 어깨는 올라가고 가슴이 두껍게 보일 수 있다. 모두가 강한 힘을 상징하는 것들이다.

보디 빌더도 자주 이런 포즈를 취하는데, 곧 가슴의 높은 위치에서 팔짱을 끼는 사람은 보디 빌더처럼 자신이 강하다는 것을 과시하려는 것이다.

몸 전체로 거부 태도를 나타내려 할 때도 팔짱을 낀다. 이럴 때의 팔짱은 강한 '방어 자세'로, 위압적인 팔짱과는 포즈가 다르다. 거부 태도를 나타낼 때는 가슴의 낮은 위치에서 단단히 팔짱을 끼는 자세를 취한다. 심장을 무의식적으로 보호하려는 생각에서 그런 자세를 취하는지도 모른다.

이런 자세로 팔짱을 끼고 걷는 여성에게 함부로 말을 걸면 무시

당할지도 모르니 조심하는 것이 좋다. 또 팔짱을 끼고 백화점 등에서 상품을 보고 있는 여성은 구경만 하려는 것이지 구매 의사는 거의 없다고 보아도 좋을 것이다.

팔짱을 낀 채 대화를 나누고 있는 사람을 가끔 볼 수 있다. 예를 들면 건설 공사 현장에서 반대 데모를 하고 있는 주민이 작업 인부들을 공사 현장에 들어오지 못하게 할 때 팔짱을 끼는 경우가 많다. 이것은 '당신의 말은 들을 필요가 없다'는 강한 '거부 자세'다. 자신의 마음에 높은 바리케이트를 쌓아 타인이 침입하지 못하도록 저지하는 것이다.

회의를 할 때 당신이 한참 발언하고 있는데 팔짱을 끼고 있는 사람이 있다면 당신의 의견에 반대 입장을 취할 가능성이 많다. 그 사람이 던질 집요한 질문에 답변을 미리 준비해 두는 것이 좋을 것이다.

여성이 얼굴의 오른쪽을 보이고 싶어할 때

"당신은 자기 얼굴의 왼쪽과 오른쪽 가운데 어느 쪽을 더 좋아합니까?" 갑자기 이런 질문을 받으면 왼쪽인지 오른쪽인지를 알아보기 위해 아마 거울 앞에서 여러 가지 포즈를 취해 볼 것이다.

대부분은 '갑자기 그렇게 물으니 모르겠다'라고 대답하겠지만 앨범을 꺼내 당신이 얼굴의 어느 쪽을 더 많이 보이며 사진을 찍었는지를 보면 알 수 있다. 포즈를 취하고 찍은 사진이라면 더 좋다.

카메라를 향하여 정면으로 당당하게 사진을 찍었다면, 그것은 '자신감의 표현'이라고 할 수 있다.

오른쪽 얼굴을 많이 보이는 사람은 자신감에 차 있는 사람이라고 할 수 있다. 일반적으로 얼굴의 오른쪽에는 강한 힘의 이미지가 나타난다. 오른쪽 얼굴을 좋아한다면 무의식중에 그 쪽을 상대에게 많이 보이려고 할 것이다. 곧 자신을 그렇게 봐달라는 표현이라고 할 수 있다.

오른쪽 얼굴을 많이 보이려는 데는 또 다른 이유가 있다. 우리 몸의 오른쪽 반은 좌뇌가 관할하는 영역이다. 좌뇌는 논리 뇌라고도 하는데, 언어 중추를 비롯하여 사물을 논리적으로 사고하는 뇌다. 무의식중에 오른쪽 얼굴을 보이려는 사람은 사물을 논리적으로 사고하는 사람이라고도 할 수 있다.

왼쪽 얼굴을 보이고 싶어하는 사람은 상대에게 '좋은 인상'을 주고 싶어하는 사람이다. 연예인은 사진뿐 아니라 텔레비전에서도 왼쪽 얼굴을 더 많이 보이려고 애쓴다. 오른쪽보다는 왼쪽에 더 아름다운 표정이 나타나기 때문이다.

　이것은 우뇌와 좌뇌의 작용과도 관계가 있다. 좌반신을 지배하는 우뇌는 언어 중추는 직접 지배하지 않으나, 자유로운 이미지를 만들어내는 데 관여하고 있다. 곧 우뇌는 음악이나 미술 등 예술적 재능을 지배한다.

　감수성 또한 우뇌가 지배하므로 왼쪽 얼굴에 감수성이 더 많이 나타난다고 할 수 있다. 데이트를 할 때는 좋은 인상을 주는 왼쪽 얼굴이 더 많이 보이도록 여성은 남성의 오른쪽에 자리잡는 것이 좋을 것이다.

줄담배를 피울 때

　최근 흡연 예절을 지키려는 의식이 확산되어 회의실이 담배 연기로 가득 차는 일은 없어졌으나, 어려운 회의에 참석하고 있을 때일수록 담배를 피우고 싶은 생각이 굴뚝 같다.

　긴장을 완화하는 '전위 활동'은 흡연자에게서 가장 관찰하기 쉽다. 긴장한다거나 당황하면 담배에 손이 가는 횟수가 늘어난다. 그것은 담배를 피우려 한다기보다 담배를 피우는 일련의 동작을 취함으로써 긴장을 완화시키려는 일종의 '전위 활동'이다.

　흡연 동작에는 담배를 꺼내 입에 물고 불을 붙이고 빨아 당기는 여러 동작이 있다. 그러나 어떤 때는 담뱃불을 붙여 놓고 재떨이에 재를 떠는 동작만 하는 경우도 있다. 재떨이에 수북하게 쌓인 담배꽁초만 보아도 그 사람이 얼마나 긴장하고 있는지 알 수 있다.

다리를 떨 때

　다리를 달달 떠는 것도 '불만과 긴장감'을 나타내는 사인이다. 다리를 가볍게 떨면 근육을 통하여 뇌에 신호가 전해져 긴장이 완화된다.

　아이디어가 떠오르지 않을 때 방안을 이리저리 거니는 것도 무의식중에 긴장을 완화하려는 동작이다. 이리저리 왔다갔다하는 대신에 다리를 떠는 것인지도 모르겠다.

　다리를 떠는 대신 손가락으로 책상을 두드리는 동작도 있다. 다리를 떠는 것은 불만에 가득 차 긴장하고 있을 때나, 모든 것이 생각대로 되지 않을 때 곧 심한 욕구 불만에 쌓여 있을 때 나타나는 동작이다.

겁쟁이가 더 큰소리 치는 심리

목소리에는 그 사람의 심층 심리가 잘 나타난다. 일반적으로 스포츠계에 종사하는 사람은 목소리가 크고 원기가 있어 밝은 성격이 잘 나타난다. 한편 기가 약한 사람은 목소리도 작아 자신감이 없어 보인다. 그러나 사람은 자기의 약한 기질을 감추고 싶어하는 경향이 있어 무의식적으로 큰 목소리를 낸다.

그러나 의식적으로 큰 목소리를 내면 겁쟁이라는 것을 무의식적으로 표시하는 것이 된다. 자신감이 있는 사람은 목소리를 무기로할 필요가 없으므로 상황에 따라 목소리의 크기를 조절할 줄 안다.

그러나 자신감이 없는 사람은 목소리를 조절할 수 없어 고함치듯이 말하는 경향이 있다. 다시 말하면 주위 사람을 신경 쓰지 않고 큰 목소리로 말하는 사람은 목소리 크기를 무기로 하는 겁쟁이라고 할 것이다. 호탕하고 쾌활하게 보일지는 모르지만 소심함을 감추려는 것에 지나지 않는다.

하지 말라면 더 하고 싶어지는 청개구리 심리

어릴 때는 '해서는 안 될 일'이 너무 많다. '아무거나 함부로 입에 집어 넣어서는 안 돼'로부터 시작해서 '엄마의 눈에 띄지 않는 곳에 가서는 안 돼', '위험한 곳에서 놀아서는 안 돼', '밤 늦게까지 돌아다녀서는 안 돼', '담배를 피우거나 술을 마시면 안 돼' 등등 계속 하지 말라는 말만 듣게 된다.

또 '손가락을 빨아서는 안 돼', '머리를 긁어서는 안 돼', '호주머니에 손을 넣어서는 안 돼' 등 금지되는 동작도 많다.

어릴 때는 어머니의 말을 듣지만, 좀 크면 부모의 눈을 피해 '하지 말라'는 것이 더 하고 싶어진다.

왜 하지 말라면 더 하고 싶어지는가?

심리학에서는 이것을 '심리적 저항'이라고 한다. 아이에게 자아의식이 생기면 자기 일은 자기가 결정하고 싶어지고, 또 행동 영역도 넓히고 싶어진다. 그러나 사방에는 부모가 세운 금지의 벽이 가로막고 있다. 그러면 아이들은 '그 벽을 뛰어넘으면 더 자유스럽고 즐거운 세계가 있음에 틀림없다'라는 생각에 '하지 말라'는 것이 더 해보고 싶어지는 것이다.

누구나 좁은 방에 갇혀 있게 되면 자유로이 바깥을 달리고 싶어진다. 그러나 바깥에는 나가고 싶으면 언제라도 나갈 수 있기 때문에 오히려 방 안에 틀어 박혀 오락 게임에 열중하게 된다. '오락 게임만 하지 말고 공부 좀 해라'하는 부모의 잔소리 때문에 오히려 더 하고 싶은 것이다. 이것도 심리적 저항에서 나오는 행동이다.

그렇게 보면 인기 있는 게임 소프트웨어는 이 '심리적 저항'을 잘 이용한 것인지도 모른다. 또 대량 판매를 위해서 생산을 억제하여 품귀 현상이 일어나게 하는 경우도 있다. 그것을 '사면 안 돼'라는 말을 듣는 것과 같은 효과를 갖는다. 쉽게 손에 넣을 수 없으므로 더 갖고 싶어진다. 이 심리적 저항은 위협받고 있는 자유를 어떻게든 회복시키려고 한다. 따라서 금지된 것이 매력적으로 보이는 것은 그것이 위협받는 자유를 회복시켜 줄 것이라고 생각되기 때문이다. 따라서 너무 강하게 금지하는 것은 좋지 않다.

담배나 술은 물론 예외지만, 아이에게 무조건 못하게 하는 것보다는 자유롭게 해보게 하여 스스로 책임을 지게 하는 편이 아이에게 더 좋다.

전화를 거는 자세에 나타나는 심리

전화 통화를 하면서 상대가 기침을 심하게 하면 감기가 옮지나 않을까 하고 경계하게 되지는 않는가? 수화기를 귀에 대고 있으므로 상대와 가까이서 대화를 나누는 듯한 착각을 갖게 된다.

수화기 윗부분을 손가락으로 집듯이 잡고 통화하는 사람이 있다. 여성들이 많이 하는 포즈다. 이것은 통화 내용보다 상대와의 거리를 의식한 포즈다. '너무 가까이서 이야기를 나누고 싶지 않다'라는 기분이 무의식적으로 나타난 것이다.

반대로 수화기 아랫부분을 꽉 쥐고 통화하는 사람도 있다. 상대의 말을 듣기보다는 자기 말을 전달하는 데 더 관심이 있다. 수화기를 마이크처럼 사용하는데, 다소 강인하게 일을 추진하는 타입이 이런 포즈를 취한다.

수화기를 양손으로 쥐고 통화하는 사람도 있다. 이것은 사적인 전화를 하고 있다는 표시다. 한 손으로 수화기를 들고 다른 한 손으로는 송화구를 감싸고 전화를 하는 사람도 있다. 소곤소곤 정담을 나눈다는 표시다. 이런 식으로 데이트 약속이나 험담 등 사적인 전화를 근무 시간에 건다는 것은 올바른 근무 태도라고 할 수 없다.

이것은 공적인 전화를 '사적 감정의 전달 수단'으로써 오랜 시간 동안 사용하는 것이다. 당신이 밖에서 일을 보고 사무실에 들어왔을 때 여사원이 전화 코드를 만지작거리며 통화를 하다가 "그 건에 대해서는 나중에 다시 말씀드리겠습니다"라고 하면서 급히 전화를 끊는 경우가 있을 것이다. 이것은 사적인 전화를 오랫동안 하고 있었다는 증거다. 사업 이야기나 3분 이내의 짧은 통화에서는 코드를 만지작거릴 여유가 없다. 일을 한다기보다 친구와 잡담을 하고 있었음에 틀림없다.

전화 코드를 만지작거리면서 말을 한다는 것은 말의 내용에는 그렇게 관심이 없다는 표시다. 책임 있는 일을 맡지 않았거나 그저 자리만 지키는 일을 할 때는 이런 자세를 많이 취한다.

전화가 울리면 오른손으로 수화기를 집어 곧 왼쪽 어깨에 얹고 왼쪽 뺨으로 누르며 "예, 미스터 김입니다"라고 말하는 사람도 있다. 수화기를 들면 보통 회사 이름과 부서명을 먼저 말하는 것이 상식인데, 이런 사람은 자신을 드러내기를 좋아하는 사람이라고 생각된다.

수화기를 어깨와 뺨 사이에 끼운다는 것은 양손으로는 일을 하겠다는 자세다. 전화를 하면서 일도 한다는 것을 주위 사람에게 보이고 싶어하는 의식이 강하게 풍긴다. 요즘의 수화기는 어깨와 뺨 사이에 끼우기에는 작은데도 고개를 억지로 돌린다는 것은 그런 포즈를 취하고 싶어하는 의식이 강하기 때문이다. 왼손으로 수화기를 들고도 컴퓨터는 조작할 수 있다.

이것저것 한꺼번에 하면 일이 제대로 되지 않는 경우가 많지만, 이런 사람은 일의 내용보다 일을 척척 처리해 내는 자신에게 스스로 도취되는 타입이라고 할 수 있다.

시험이 내일인데도 텔레비전을 보고 있을 때

"우리 집 아이는 시험이 가까워 오는데도 공부는 안 하고 오락 게임만 하고 있어요"라고 투덜대는 어머니가 있다.

어릴 때는 아직 자신감은 갖지 못해도 자존심만은 지키려고 스스로 납득할 수 있는 실패의 원인을 무의식적으로 미리 마련해 두는 경우가 있다. '셀프 핸디캐핑(self handicapping)'이라는 심리인데, 자존심 상하지 않으면서 자기가 빠져나갈 수 있는 길을 미리 마련해 두는 것을 말한다.

시험을 앞두고 오락 게임에 열중하는 것은 시험 성적이 생각만큼 안 나오면, '그 때 오락 게임을 하며 놀았기 때문'이라고 생각해 버리고 싶기 때문이다. 오락 게임을 하지 않았더라면 더 좋은 성적을 얻을 수 있었을 것이라고 생각하면 자존심이 상하지 않는다.

시험 전날 친구 하숙집에 동급생들이 모여 컨닝 자료를 만들고 있다고 하자. 한 친구가 "술이라도 한잔하면서 하자"라는 말을 꺼내고 한잔씩 하면서 조그만 종이에 깨알같이 답을 적는다. 그 때 '술이라도 한잔하면서'라고 말하는 것이 '셀프 핸디캐핑'이다.

밤을 세워 컨닝 자료를 만들고 나서 한 친구가 문득 생각난 듯이 말한다. "밤을 새운 것이니까 결국 공부를 열심히 한 것과 마찬가지야"라는 말도 '셀프 핸디캐핑'의 심리다.

위를 쳐다보면 머리가 잘 돌아간다

'어떻게 하지?' 하면서 생각에 잠길 때 우리들은 무의식중에 위를 쳐다본다. 옆도 아래도 아니고 왜 위를 쳐다볼까?

누군가와 대화를 나누는 동안 얼굴을 다른 곳으로 돌린다는 것은 상대와의 커뮤니케이션을 일단 중단하려는 것으로 생각된다. 어떤 생각에 집중하기를 원할 때 상대의 시선을 의식하게 되면 좀 번거로워진다. 그래서 얼굴이나 눈을 돌려 일단 상대와의 커뮤니케이션을 차단하고 생각에 몰두하고 싶은 것이다.

우리는 무의식중에 이런 소거법(消去法)을 사용한다. 상대와의 커뮤니케이션을 일단 끊으려고 옆으로 고개를 돌리면 상대를 거절한다고 보여지기 쉽다. 아래로 고개를 향하면 곤혹스러워하는 것 같아 모양새가 좋지 않다. 아래로 향한다는 것은 상대에 대한 복종의 사인이기도 하다. 그래서 옆도 아래도 아닌 위로 고개를 향하게 된다. 그렇게 하면 상대와의 커뮤니케이션을 중단한다 해도 별 오해를 안 받는다.

상대에 대해 실례의 인상을 주지 않고 생각에 집중할 수 있는 것은 고개를 위로 향하는 것이라고 무의식적으로 판단하기 때문이다. 또 위로 향하면 고개가 자극을 받아 뇌의 혈액 순환이 좋아져 묘안이 떠오를 수도 있다.

일을 하면서 피곤할 때도 무의식중에 고개를 위로 향하는데, 그렇게 하면 뇌의 긴장이 풀리기 때문이다.

여성의 자기 연출 심리

여성이 좋아하는 남성으로부터 받는 선물 가운데 가장 좋아하는 것은 반지라고 한다. '그렇지 않아요' 라고 말하는 여성은 속박받기를 싫어하고 자립심이 강한 타입이라고 할 수 있다. 최근에는 자립심이 강한 여성이 많아서 반지를 선물로 받아도 그렇게 즐거워하지 않는지도 모른다.

여성이 반지를 원한다는 것은 누군가에게 '보호받고 싶다' , '의지하고 싶다' 라는 심리를 나타내고 있다. 지금까지 아내가 제일 기뻐했던 때는 약혼 반지를 받았을 때였다고 말하는 남성도 있다. 그런 말을 하면 함께 있던 아내가 "그건 당신 생각일 뿐이야"라고 남편에게 윽박지른다.

여성이 화장을 하는 것은 젊고 아름답게 보이려는 것과 충분히 젊으므로 아이를 낳아 기를 수 있다는 것을 남성에게 알리려는 표현이다. 이것은 옛날부터 계속되어 오는 여성의 화장 심리다.

텔레비전의 상품 광고가 시대의 최첨단을 보여 주는 것처럼 여성의 화장도 시대를 반영한다. 일찍이 서구 여성들은 립스틱은 바르지 않았지만, 흰 가루분은 발랐다고 한다. 피부가 희다는 것은 야외에서 햇빛에 그을리게 일하지 않아도 되는 상류 계급이라는 것을 나타내는 것이었기 때문이다.

귀족 사회에서는 하얀 피부가 자기를 과시하는 중요한 단서로 되어 있었지만, 지금은 갈색 피부가 젊음이나 건강을 나타내는 표시다. 빨간색 립스틱도 젊음과 건강을 나타내는 표시지만, 모두가

빨간 립스틱만을 칠하면 그만큼 화장의 효과는 떨어진다. 최근에는 자기 홍보 효과를 노리는 여러 가지 색깔의 립스틱이 나오고 있다.

'화장을 하지 않고 길거리를 걷는다는 것은 발가숭이로 길거리를 활보하는 것만큼 창피하다'라는 여성도 있다. 그런 사람은 보여 주고 싶은 자기를 잘 연출할 수 있는 사람이라고 생각된다. '보여 주고 싶은 자기'를 연출함으로써 내향적인 성격을 밝은 성격으로 바꿀 수 있다.

다른 사람과 대화를 나눌 때의 거리, 곧 대인 거리는 상대에 대한 자기의 기분에 따라 바뀐다. 적극적이고 외향적인 사람의 대인 거리는 소극적이고 내향적인 사람보다 짧다. 따라서 화장을 함으로써 적극적이고 외향적인 행동을 취할 수 있어 상대에게 더 가까이 접근할 수 있다. 여성의 본질을 잘 파악하기 어려운 것은 화장으로 자기를 잘 연출하기 때문이다.

여성은 대단한 관찰력의 소유자

처음 만나는 여성이 자기를 자꾸 쳐다보면 '나에게 마음이 있는 걸까' 라고 기분 좋아하는 남성이 있을지 모른다. 유감이지만 이것은 잘못된 생각이다. 당신에게 마음 있는 것이 아니라, 여성에게는 원래 그런 습성이 있다.

왜 여성은 상대를 자꾸 쳐다보는가? 지금까지 사회적으로 수동적인 입장에 있던 여성은 상대의 눈치를 잘 살펴야만 했다. 오랜 역사에서 여성에게는 협조성과 타인에 대한 배려가 요구되어 왔는데, 그것에 부응하기 위해서는 상대의 표정과 동작을 잘 파악해 자기의 행동을 결정해야만 했던 것이다.

여성은 직감이 예리하다는 말을 듣는데, 그것은 상대를 자세히 보고 '관찰하는 습관' 이 몸에 배어 있기 때문이다. 자세히 쳐다본다는 것은 반대로 자세히 쳐다봐 주는 것에도 익숙하다는 말이 된다.

'여자 세 사람이 모이면 접시가 깨진다' 라는 말이 있다. 옛날 우물가에서 이뤄지던 험담이 지금은 길거리나 커피숍으로 장소를 바꾸어 명맥을 이어가고 있다. 빗자루와 쓰레받기를 든 채 이야기를 나누고 있는 부인들 옆을 지나 슈퍼에 들렀다가 한 시간이나 지난 뒤 다시 그 곳을 지나가는데, 그 때까지도 서서 이야기를 나누고 있는 부인들을 본 적이 있다.

빗자루와 쓰레받기를 든 채 어떻게 한 시간 이상이나 이야기를 나눌 수 있을까? 남성들은 도저히 이해할 수 없는 일이다. 그렇게도 하고 싶은 이야기가 많으면 집에서 차라도 마시며 얘기하면 좋지 않을까?

　남성들도 친구와 저녁 늦게까지 이야기를 나누기는 하지만, 빗자루와 쓰레받기를 든 채 길거리에서 이야기를 나누는 일은 없다. 그러나 여성에게는 그런 경우가 자주 있다. 장바구니를 들고 세탁물을 껴안은 채로 여성들은 끝없이 대화를 나눈다. 시간과 장소를 가리지 않고 만나는 곳에서 우물가 회담을 여는 것이 여성의 특성이라고 할 수 있다.

　남자끼리라면 틀림없이 '차라도 한잔하면서 이야기를 나눌까요?' 라든가, '한잔하면서 대화를 나누자' 라고 할 것이다. 도대체 여성들은 어떤 대화를 나누고 있는가? 살짝 들어보면 아이 이야기, 꽃 이야기, 요리 이야기, 이웃 사람에 대한 험담, 음식 이야기 등 정말 이야기 폭이 넓다.

　여성들은 듣기보다 말하는 데 더 비중을 둔다. "우리 집 아이도 그래요"라고 말하다가는 갑자기 "댁에 피어 있는 꽃은 참 예쁘군요" 등으로 화제가 바뀐다. 앞 이야기와는 전혀 상관없는 것으로 화제가 바뀐다. 이것은 남자끼리 술자리에서 기분 좋게 대화를 나누는 것과 비슷하다. 마음속에 두고 있던 이야기를 해버림으로써 스트레스를 해소하는 것이다. 남성은 마음 맞는 친구와 술집에라도 가야 할 수 있는 말을 여성은 상대나 장소를 가리지 않고 아무 데서나 할 수 있다. 그만큼 스트레스가 많이 쌓인 것일까, 아니면 스트레스를 만들지 않으려는 유연성 때문일까?

분석하기 좋아하는 남성 심리

　남성은 이치를 따지는 것을 좋아한다. 긴 역사 속에서 여성이 수동적 입장에 있었다고 한다면, 남성은 능동적으로 활동하기를 요구받아 왔다. 남성은 자기에게 유리하게 생각하는 경우가 많은데도, '남성은 쓸데없이 이치만 캔다'라고 여성은 오해한다.

　남성은 어머니의 태내에서 호르몬 샤워를 듬뿍 받고 남성이 된다고 한다. 이렇게 생성되는 남성 호르몬은 우뇌를 발달시키는데, 우뇌는 공간 지각력 · 직감력 · 감정을 지배한다. 곧 남성은 태어날 때는 로맨틱한 예술가 타입의 소양을 가지며, 여성은 우뇌와 논리나 언어를 지배하는 좌뇌 모두 균일하게 발달되어 태어난다. 여자아이가 빨리 말을 익히는 것은 이 때문이라고 한다.

　그러나 남성은 가정 교육이나 사회적 습관을 통하여 환경 속에서 좌뇌를 발달시켜 가기 때문에 불균형이 생기게 된다. 우뇌와 좌뇌를 연결시키는 뇌량(腦梁)은 일반적으로 여성이 굵다고 한다. 뇌량은 두 개의 뇌를 연결하는 전선과 같은 것이라고 본다면, 여성은 굵은 전선으로 양쪽 뇌의 정보를 자주 교환하는 것이라고 할 수 있다.

　한편 남성은 우뇌에서 만들어지는 풍부한 이미지를 가느다란 전선을 통해 언어 중추로 보내야 하는데, 여성에 비해 뇌량이 얇기 때문에 남성은 열심히 이치를 따지는데도 생각은 반밖에 전하지 못하는 안타까움을 느낀다.

남자만의 특권

   좀 재미있는 친구가 하나 있는데, 남자끼리 여행을 하면 여관에
서 언제나 팬티만 입고 방안을 돌아다닌다. 집에는 여자들만 있어
그렇게 할 수 없다는 것이다. "딸이 없는 집이면 이런 건 즐거움으
로 치지도 않겠지"라고 말한다. 옷을 입고 자태를 뽐내는 것이 '여
성다움'을 나타내는 것이라면, 옷을 벗고 맨몸을 보이는 것이 '남
성다움'을 나타내는 심벌인지도 모른다. 남성밖에 할 수 없는 차림
으로 '나는 남자다'라는 만족감을 맛보고 싶은 것이다.

   풀이나 해수욕장에서 수영복을 입으면 나이도 생각하지 않고 마
냥 돌아다니고 싶어진다. 그런 차림으로 먹이를 찾아다니던 먼 옛
날의 기억이 떠오르는지도 모른다.

   "너, 노출광 아니야?"라는 핀잔도 듣지만, 그 다음날은 산뜻하
게 옷을 차려입고 선물을 사들고서는 딸들이 기다리는 집으로 돌
아간다.

   남성은 상대와의 거리를 의식한다. 아무리 친해도 남성끼리 팔
짱을 낀다거나 손을 잡고 걷는 일은 없다. 그런 모습을 하고서 길
을 걸으면 동성 연애자라고 오해받기 쉽다.

   가끔 나이든 사람들이 아무렇지도 않은 듯 술에 취해 어깨동무
를 하고 걷거나, 군대에서 한솥 밥을 먹고 학교 기숙사에서 함께 생
활한 동료들이 어깨동무를 하고 비틀비틀 걷는 모습을 볼 때가 있
다. 아무런 생각 없이 어깨동무를 하고 걷는 모습을 보면 부러운 생
각이 든다. 이런 동작은 여성에게서는 거의 찾아볼 수 없다.

혀를 차고, 한숨을 쉬고

성질이 급한 사람만 에스컬레이터를 걸어서 오르락내리락 하는 것은 아니다. 경쟁심이 강하고 지기 싫어하는 사람도 그렇다. 이런 사람은 라이벌보다 한 발 앞서 가는 쾌감을 느끼고 싶어하는 사람이다.

이런 사람의 경쟁심은 어디서나 발휘된다. 예를 들면 일로서는 라이벌을 당해 내지 못할 때 멋있는 애인을 찾아내 자존심을 세우려 할 수도 있다. '그 사람에게 이겼다' 라는 생각을 갖는 것이 그에게는 중요하기 때문이다.

자기를 만족시킬 수 있는 것을 계속 찾아내려는 것이 지기 싫어하는 사람의 특성이다. 이런 사람은 에스컬레이터에서 다른 사람을 앞질러 가는 쾌감을 다른 곳에서도 맛보려 한다.

혀를 차는 것은 불쾌한 감정을 소리로 발산하는 노골적인 몸짓이다. 우리들은 자기 자신이나 다른 사람에 대해 혀를 차는데, 모두가 '모욕' 을 나타내는 사인이다. 마음속의 거치적거림을 소리와 함께 외부로 발산하는 것은 상대에 대한 '위협의 사인' 이기도 하다. 언어로 모욕할 가치조차 없는 형편없는 사람이라는 것을 상대에게 알리는 동작이라고 할 수 있다.

자기 자신에 대해 혀를 찬다는 것은 스스로를 학대하는 현상이다. 타인이 들릴 정도로 혀를 차는 사람은 다른 사람을 들볶는 가학성적 성격을 가진 사람이라고 할 수 있다.

아무 생각 없이 혀를 찬다는 것은 우리 마음속에 감춰진 자학성과 가학성이 겉으로 나타나는 것이라고 보아도 좋을 것이다. 무심코 혀를 찬다는 것은 마음의 평형이 깨졌다는 것을 나타내는 주의 신호이기도 하다.

더 이상 가망이 없을 때나 실망했을 때 우리는 무의식중에 한숨을 쉬게 된다. 그런 포기 상태에서 간신히 사태가 호전되었을 때도 우리는 안도의 한숨을 쉰다. 한숨은 마음을 놓게 되었을 때도 나오는 것이다. 예를 들면 응원하는 야구팀이 8회 말에 5점을 잃었다고 하자. 당신은 이 때 크게 한숨을 쉰다. 그러나 9회 초에 자기편이 6점을 따서 역전을 하고, 그 뒤 상대 팀이 투 아웃 상태에서 러너가 1, 2루에 있는 장면을 보면 손에 땀이 날 지경일 것이다.

투수가 마지막으로 타자를 삼진 아웃시키면 안도의 한숨을 쉬게 된다. 이럴 때의 심리 상태를 생각하면 어려운 장면이나 기쁜 장면에서 왜 한숨이 나오는지를 알 수 있다.

화가 나면 몸이 부들부들 떨리는 이유

화가 나면 몸이 부들부들 떨리는 것은 자제심이 작용하고 있다는 증거다. 마음속에는 상대를 공격하려는 동물적인 본능과 자제해야 한다는 이성이 서로 부딪치고 있다.

액셀을 밟으면서 동시에 브레이크도 밟는 듯한 상태, 곧 'go'와 'stop'의 사이에서 마음이 동요된다. 이런 상태가 되면 좀처럼 평상시의 마음으로 돌아갈 수 없다. 만일 부부 싸움으로 아내를 이 정도까지 몰아넣었다면 큰 일이다. '미안해' 하면서 사과해도 아내의 노여움은 가시지 않는다.

그럴 때는 다소의 피해를 각오해야 한다. 피해가 커서는 안 되므로 깨뜨려도 아깝지 않은 싼 접시나 잔을 준비해 두고, 그것을 위험하지 않은 곳에서 깨뜨리게 하여 노여움을 진정시키는 것이 좋다.

이것은 심리학에서 말하는 '이지향 공격'이다. 깨져도 그렇게 아깝지 않은 것에 화풀이를 하여 노여움을 해소하는 것이다. 아무리 이성이 발달한 인간이라도 이 정도까지 화가 나면 '말로 하자'라고 해도 통하지 않는다. 오히려 피해가 크지 않은 범위 안에서 노여움을 폭발시키게 하는 편이 이야기가 쉬워진다.

상대가 몸을 부들부들 떨기 시작하면 진정시키려고만 하지 말고 어느 정도 화를 폭발시킬 수 있도록 해주는 편이 나을지도 모른다.

혀를 낼름 내밀 때

사람은 무슨 일에 열중하고 있을 때 무의식중에 혀를 내미는 일이 있다. 혀를 많이 내미는 것이 아니라, 혀끝이 입술 사이로 조금 나오는 정도다. 예를 들면 열심히 그림을 그리고 있을 때, 모형 비행기를 만들면서 조그마한 부품을 끼워 넣을 때, 바늘에 실을 꿸 때 입술로 혀가 조금 내밀어진다.

동물 행동학자인 모리스에 따르면, 이럴 때의 심리 상태는 상대를 놀리면서 혀를 내밀 때의 심리 상태와 비슷한 점이 많다고 한다. 타자에 대한 '거절 사인' 또는 '모욕 사인' 이라는 것이다.

모리스는 '혀를 내미는 동작은 어릴 때 아이가 배가 부를 때 어머니의 젖꼭지를 혀로 밀어내는 행동이 커서도 남아 있는 형태' 라고 한다. '이젠 더 필요 없다' 라는 거절 사인이 '너 같은 건 필요 없어' 라는 모욕의 사인이 되어 버린 것이다.

그러나 무엇에 열중하고 있을 때 입술로 혀가 조금 나오는 것은 어떻게 해석할 수 있을까?

모리스는 '지금 나는 일에 열중하고 있으므로 방해하지 말아달라' 라는 무의식의 표시라 한다. 확실히 이것도 일종의 거절의 표현이다.

다시 말하면 혀끝을 조금 내밀고 일에 열중하고 있는 사람이 있다면, 지금 일에 열중하고 있으므로 방해하지 말아 달라는 표시로 보아야 한다.

머리 뒤로 양손을 모을 때의 속마음

　미국의 심리학자 메브러비언(A. Mehbrabian)에 따르면 의자에 푹 파묻혀 있는 것은 지위가 높은 사람이 긴장을 푸는 포즈라고 한다. 사장은 사장실에서 이런 포즈를 곧잘 취하지만, 평사원은 부장이나 과장 옆에서 이런 포즈를 취할 수 없다.

　사장이 큰 가죽 소파에 푹 파묻혀 다리를 뻗고 손을 머리 뒤로 모은다면, 아마 경영이 순조로울 때일 것이다. 사장은 잠시 동안 지극히 행복한 시간을 보내고 있는지도 모른다. 그러나 평사원이 근무 시간 중에 사무실에서 이런 포즈를 취한다면, 더 이상의 출세는 원치 않는다는 것을 말하는 것과도 같다. 과장이라도 그런 포즈를 하고 있으면 "무척 한가한 모양이군"이라고 부장으로부터 핀잔을 듣게 된다.

　'안경 어디 두었지?' 라고 혼잣말을 하면서 안경을 찾고 있으려니까, 아내가 '당신 머리 위에 있잖아요, 벌써 치매에요' 라고 하는 것은 노부부의 가정에서 흔히 볼 수 있는 장면이다. 아내는 물건을 어디다 두었는지도 모르게 된 남편을 놀리는 것이다. 이처럼 물건을 찾으면서 무의식중에 혼잣말을 하는 것은 하나의 노화 현상이라고 한다. 따라서 '이상한데, 그걸 어디다 두었지?' 라고 혼잣말을 하게 되었다면 좀 조심할 필요가 있다.

　생각이 머릿속에서 정리되지 않은 채 무의식중에 입 밖으로 튀어나오면 노화의 시초다. 왜냐하면 나이가 들면 자주 혼잣말을 하게 되기 때문이다.

길거리에서 키스하는 연인들

유럽인이나 홍콩인은 사람들 앞에서도 키스를 거리낌없이 한다. 그러나 동양 사람들은 대체로 사람들 앞에서는 키스를 하지 않는다. 유교의 영향인지도 모른다. 유럽인 가운데서도 특히 프랑스인은 키스광이라고 일컬어진다.

왜 유럽인이나 홍콩인은 사람들 앞에서 태연하게 키스를 하는 것일까? 키스하는 모습은 어미새가 새끼에게 먹이를 주는 것과 닮았다고 한다. 어미새는 새끼에게 먹이를 입으로 넣어 준다. 옛날에는 유럽에서도 어머니가 아이에게 입으로 음식을 주었다고 한다.

그런 애정 표현이 키스의 근원이라고 한다. 그러나 유럽에서도 아주 친한 사이는 사람들 앞에서 키스를 잘 하지 않는다고 한다.

모리스에 따르면 정말 가까운 연인이나 부부는 서로 이름 부르는 일이 줄어들고, 조용히 함께 앉아 있고, 상대에 대한 마음 씀씀이가 적어지며, 서로의 신상 문제에 관한 이야기도 줄어든다고 한다.

이런 점은 동서양을 막론하고 거의 차이가 없으리라고 생각된다. 정말로 가까워지면 모리스의 말대로 '조용히 함께 앉아 있는 것'이다.

이렇게 보면, 사람들 앞에서 키스를 하는 사람은 두 사람이 아직 절친하지 않다는 것을 나타낸다고 할 수 있다. 아직 가까워지지 못한 연인들이 많은 사람들 앞에서 태연히 키스를 하면서 '우리는 가깝다'라는 것을 시위하고 있는 것이다.

만국 공통의 메시지 — '긁적긁적' 과 '험험'

왜 사람은 난처할 때 머리를 북북 긁을까?

부끄러운 생각이 들면 머리에 갑자기 혈액이 올라오는 것을 느낀다. 혈액이 올라오고 땀이 나면 머리가 간지러워져서 머리를 긁게 된다고 말하는 사람도 있다. 그러나 머리를 긁는 동작은 생리학적으로는 설명이 불가능하다.

오히려 수치심을 나타내는 행동으로 사람들 사이에 널리 퍼졌는지도 모른다. 난처하다는 생각이 들면 모두의 주목이 자기에게로 쏠리는 것 같아 긴장감이 높아지고 머리에 땀이 난다. 그래서 무심코 머리를 만지거나 머리를 긁는 행위가 사람들 사이에 번져서 부끄러울 때는 머리를 긁는 행동으로 정착한 것이 아닌가 생각된다.

일부러 머리를 북북 긁는 사람도 있다. 이것은 완전히 '나는 지금 부끄러움을 느낍니다' 라는 행동을 상대에게 알리려는 것이다. 좀 익살을 떨어 쑥스러움을 감추려는 것이다.

'아이 부끄러워' 라고 직접적으로 표현하기보다는 덜 부끄럽게 자기 기분을 행동으로 나타낼 수 있는 것이다. 직접 말로 하지 않아도 상대는 충분히 그 사인을 받아들이기 때문에 그것을 기대하며 그런 동작을 하는 것이다.

또한 사람들은 상대방이 자기 말을 들어 주기 바랄 때 무의식중에 헛기침을 하게 되는데, 이럴 때 대부분 입 앞에 주먹을 쥔다. 이것은 만국 공통의 몸짓이다.

이것은 원래 '나는 지금부터 기침을 합니다' 라는 행동이었다.

긁적
긁적...

엄험...

이런 행동을 함으로써 주위 사람에게 주의를 주는 것이다. 입 앞에 주먹을 쥐면 옆에 있던 사람은 침이 튈까봐 몸을 비킨다. 곧 주위 사람에게 '주의를 환기시키는 동작'으로 입 앞에 주먹을 쥐는 행동을 하는 것이다.

입을 덮으려고 한다면 주먹이 아니라도 된다. '가위 · 바위 · 보'의 '보'의 형태로 입을 덮으면 더 효과적으로 병원균이 번지는 것을 막을 수 있다.

그러나 서양에서는 이것은 다른 사인으로 받아들인다. 입 앞에 주먹을 쥐는 것은 주위 사람의 주의를 끌려는 것이며, 기침은 그저 뒤따라 나오는 가벼운 행동에 지나지 않는다.

곧 입 앞에 주먹을 쥐고 '홈홈' 하고 기침을 함으로써 주위 사람들의 주목을 끌어 모으려는 것이다. 그래서 '가위'도 '보'도 아닌 '바위'가 주목을 모으는 사인으로 번지게 된 것이다.

성별에 따라 구별되는 몸짓

　몸짓에는 남성과 여성 특유의 몸짓이 있어 각각 남성다움과 여성다움을 강조하려는 '성별 신호'를 발한다.

　그 전형적인 예가 남성이 다리를 크게 벌리고 앉는 것이다. 여성은 의자에 앉을 때 양다리를 딱 붙여서 비스듬히 되게 한다.

　그것은 남성다움과 여성다움을 나타내는 '성별 신호'다. 모리스는 복잡한 거리에서 사람들이 어떻게 서로 스쳐 지나가는가에 관한 연구에서 남성과 여성은 서로 다른 동작을 한다는 것을 밝혀 냈다. 붐비는 거리에서 다른 사람과 서로 스치게 될 때 여성은 타인과 반대 방향으로 몸을 틀어 등 쪽으로 스치지만, 남성은 타인과 같은 방향으로 몸을 틀어 스친다고 한다.

　여성은 타인과 스치게 될 때 가슴이 타인과 닿지 않도록 무의식적으로 반대 방향으로 튼다. 실제로 길거리를 걷고 있는 사람을 관찰해 보면 정말로 그렇다는 것을 확인할 수 있다.

컵이나 손수건을 만지작거릴 때

커피숍에서 대화를 나눌 때 상대가 손수건을 만지작거리면 뭔가 긴장되는 일이 있어 그 스트레스를 완화시키려 한다고 보면 된다.

스트레스를 완화하기 위해서 몸 주변에 있는 것을 무의식적으로 만지작거리는 동작을 '머니퓰레이션(manipulation)'이라고 한다. 가까이에 만지작거릴 것이 없으면 머리카락이나 몸을 만진다.

처음 만나는 사람끼리 '이제 대화를 끝내고 싶다'라고 생각할 때도 눈앞에 놓여 있는 명함을 무의식중에 만지작거린다.

꺼내고 싶지 않은 문제가 화제로 오르거나 금연하고 있는데 상대가 담배를 피워대면 듣는 사람은 긴장한다. 손수건을 만지작거린다는 것은 긴장을 풀려고 할 때의 사인이다.

손가락 마디를 눌러 딱딱 소리를 내는 의미

바비큐 파티에서 "자, 구워 볼까요"라고 하면서 당당하게 손가락 마디를 딱딱 소리내며 누르는 사람이 있다. 이것은 자신감을 갖고 어떤 일을 해보겠다는 의사 표시다.

"자, 굽겠습니다"라는 가벼운 '흥분의 표시'이기도 하다. 이런 몸짓은 대개 손에 나타난다. 손가락 마디를 누른다거나, 손을 폈다 오므렸다 하는 것은 무의식중에 하는 준비 운동으로서 '의도 행동'이라고도 한다.

소가 앞으로 돌진하기 전에 앞발로 땅을 파는 것과 같다고 할 것이다. '오늘은 이 계획안을 꼭 통과시켜 보이겠다'라는 의지를 가질 때, 회의가 시작되기 전에 잡담을 나누면서도 무의식중에 손가락 마디를 눌러 딱딱 소리내는 남성이 있다.

'오늘은 힘이 난다'라고 의욕을 과시하는 것이다. 마음속에는 반대 의견에 대해 이렇게 대처하겠다는 생각으로 머리가 꽉 차 있을 것이다.

손발의 움직임에서 알 수 있는 심리

긴장하게 되면 자기 가까이에 있는 물건을 만지고 싶어진다. 옛날 영화에서 맞선을 보는 장면을 보면 여성은 계속 방바닥만 들여다보다가 "취미가 뭐예요?"라는 질문을 받으면 조그맣게 대답하면서 옷고름을 만지작거린다.

이것은 '긴장의 표현'이다. 마음에 갈등이 있을 때 우리는 계속 자기 가까이에 있는 것을 만지고 싶어진다. 동물학자인 모리스는 이것을 '전위 활동'이라고 정의했다.

면접 시험에서 자기 차례를 기다리는 동안 지갑이나 책을 만지작거리거나 공항에서 비행기 탑승권을 몇 번이나 꺼내 만져 보는 것도 모두가 긴장을 완화하려는 무의식적 동작이라고 할 수 있다.

처음 만나는 사람끼리 모여 회의를 진행할 때 참석자들은 모두 자료를 읽는 체하지만 그 내용을 자세히 읽는 사람은 거의 없고, 자료를 훌훌 넘기기만 한다. 이것도 자기 가까이에 있는 물건을 만짐으로써 긴장을 완화시켜 그 분위기에 익숙해지려는 무의식적인 동작이다.

수첩을 꺼내 계속 들여다보거나, 가방에서 자료를 꺼내거나, 시계줄을 만지작거리는 것은 긴장하고 있다는 표시다. 이렇게 다른 사람도 자기와 마찬가지로 긴장하고 있다는 것을 알게 되면 조금은 긴장이 풀릴 것이다.

손짓으로 알 수 있는 Yes와 No

손바닥을 펴고 좌우로 흔들 땐 누구라도 'No' 의 의미라는 것을 안다. 그것은 아주 강한 '거절의 사인' 이다. 고개를 가로 저으며 'No' 라고 하고 싶으나, 그렇게 하면 눈이 흔들리게 된다. 고개를 좌우로 젖는 대신에 손으로 그 움직임을 대신하는 것이 'No' 의 사인이다.

그러나 그렇게까지는 확실하지 않아도 상대의 손 움직임에서 어느 정도 'Yes' 와 'No' 의 의사 표시가 확인된다. 상대가 말하면서 자기 턱을 쓰다듬을 때는 마음 편하게 당신의 말을 듣고 있으며 또 그것을 받아들이겠다는 표시다. 물론 버릇으로 그렇게 하는 경우도 있으므로 반드시 그렇다고는 할 수 없다. 상담을 진행하고 있을 때 상대가 턱을 쓰다듬으면 더욱 밀어붙여 볼 필요가 있다.

중요한 것은 상대가 마음 편하게 당신의 말을 들어 주고 있느냐 하는 것이다. 상대방의 마음이 편안해져 손의 움직임이 자연스러워지게 되면, 이야기가 좋은 방향으로 진척되고 있다고 생각해도 좋다. 손의 움직임이 좀 어설프거나, 손가락으로 책상을 두드린다거나, 얼굴 여기저기로 손이 자주 간다면 거절 사인으로 받아들이면 된다. 손이 부자연스럽게 움직인다는 것은 마음의 동요를 참고 있다는 표시다.

머리 뒤로 양손을 낀다거나, 라이터나 볼펜 등을 만지작거리는 것은 이야기에 흥미가 없다는 표시다. 이런 사인을 자주 보인다면 아무리 밀어붙여도 별 성과가 없을 것이라고 생각하는 것이 좋다.

별 것 아니라는 말

훌륭한 회사 경영자는 날마다 많은 스케줄을 소화하면서도 부지런히 회사 안을 돌며 평사원과 직접 대화할 기회를 만든다.

이것은 보통 때는 그다지 접촉이 없는 평사원으로부터 살아 있는 정보를 얻으려는 게 그 목적이다. 예를 들면 거래처 회사의 정보 등은 그에게 보고되기까지 몇 사람의 손을 거쳐야 하고, 그 사이에 정보가 여과되기 때문이다. 입사한 지 2, 3년 된 신출내기 사원이라 할지라도 직접 말을 들어보는 것이 정보를 얻는 데 도움이 된다. 특히 좋지 않은 정보는 이런 식으로 하면 입수하기가 쉽다.

사람은 상대가 기분 나빠할 것 같은 정보는 무의식적으로 그 정보의 가치를 축소하여 보고하는 경향이 있고, 몇 사람을 거치는 동안 정보가 왜곡될 수도 있다. 자기에게 불이익을 주거나, 좋지 않은 보고를 할 경우, 다른 것을 먼저 보고하고 좋지 않은 보고는 뒤로 미룬다. 이럴 땐 보통 '대단하지는 않지만……' 이라고 전제를 단다. 또 정보를 받아들이는 상대가 기분 나빠할 정보를 무의식적으로 과소 평가하여 보고하려고 한다.

이것은 정보를 전달함으로써 상대의 반응에서 받게 되는 불쾌감을 조금이라도 줄이려는 일종의 방어적 심리 기제다. 다시 말하면 상대가 기뻐하는 정보일수록 과대 평가하여 보고하려는 경향이 있다. '좋은 정보는 50% 깎고, 나쁜 정보는 50% 늘려 받아들여라' 라는 말도 보고자의 가치 판단이 정보에 반영되어 실제의 상황과는 다르게 보고되는 경우가 많기 때문이다.

꺼림칙한 행동이라도 윗사람이 하면 나도

어떤 외국 텔레비전 드라마에서 이런 장면을 본 적이 있다. 성실하고 정직한 공무원을 로비스트가 매수하려고 "어려워 마십시오. 다른 사람도 모두 이렇게 하고 있어요"라고 설득한다. 나중엔 그 공무원도 "그러면……" 하고 돈 봉투에 손을 내밀게 되는데, 이렇게 양심을 꺾게 만드는 것은 '다른 사람도 하고 있다'라는 말이다.

사람은 가책을 느끼는 행동을 했을 때 무의식중에 그 행동을 정당화하려는 동기와 이유를 찾으려 한다. 이것은 심리학에서 말하는 '방어 기제'의 하나로, 욕구 불만을 억제하여 자기를 지키려는 심리 기제다. 앞의 공무원의 예를 보면 '다른 사람도 모두 하므로'라고 자기 자신을 납득시킴으로써 죄의식을 줄이려는 것이다. '모두가 하는 것이니까 괜찮다'라고 구실과 대의 명분을 내세워 자기 행위를 정당화하는 경우가 많다. 특히 모두가 하거나 윗사람이 하는 것은 자기 행위를 정당화할 수 있는 구실이 된다.

윗사람과 권위 있는 사람에게 동조하기 쉬운데, 자신이 없는 사람일수록 그 경향은 더 강하다. 예를 들면 초등 학교와 중학교에서 특정한 아이를 놀리는 일이 있는데, 처음에 그 아이를 놀리는 것은 학급에서 가장 힘이 센 아이다. '왕따는 나쁘다'라는 것을 알고 있지만, '대장이 하면 나도'라는 심리가 조장된다. 다시 말하면 누구를 설득하려면 그 사람이 권위 있다고 생각하는 사람을 들어 설득하면 효과적이다. 그것 때문에 본의 아니게 다른 사람의 꼬임에 빠져 꺼림칙한 일을 저지르는 경우도 많다.

참고문헌

Freud, A., *The ego and the mechanisms of defense*, New
   York : International Universities Press, 1966.

Freud, S., *The interpretation of dreams*, New York :
   Science Editions, 1961.

_____ , *New introductory lectures in psychoanalysis*,
   New York : W. W. Norton, 1965.

Jung, C. G., "General aspects of dream psychology", *In
   collected works of C. G. Jung Vol. 8*. Princeton, N. J. :
   Princeton University Press, 1969.

Morris, D., Collett, P., Marsh, P., and O'shaughnessy,
   M., *Gestures : Their origins and distribution*, London :
   Jonathan Cape, 1979.

_____ , *Intimate behavior*, London : Cape, 1971.

古川 愛哲, 『心理ウォチング』, 二期出版, 1991.

齊藤勇, 『環境社會心理學』, プロローグ 川島書店, 1993.

澁谷昌三, 『心理實驗室』, 創拓社, 1990.

多湖揮, 『自分の見世方』, ごま書房, 1993.